勉強が死ぬほど面白くなる

独学の教科書

DOKUGAKU KYOKASHO

中田敦彦

あなたは、
勉強が楽しいですか？
それとも、
つまらないですか？

断言します。
勉強はめちゃくちゃ
面白い！

勉強がつまらない人は
ほんの少し、
勉強の「やり方」を変えれば
勉強が〝最高〟の
エンターテインメントに
変わります。

「それって、具体的にどうやるの？」

と思った方。

ご安心ください。

これから、
勉強が死ぬほど面白くなる
中田敦彦式、独学勉強法を
ご紹介します！

勉強が死ぬほど面白くなる独学の教科書

目次

序章

勉強の「面白さ」を伝えたい！

第1章

中田敦彦式 独学勉強法 6つのルール

第2章 「歴史」の独学勉強法

第3章

「文学作品」の読み方

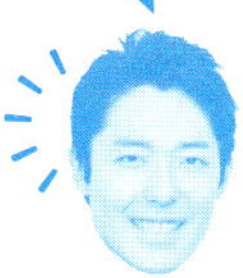

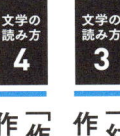

第4章

「政治・経済」の独学勉強法

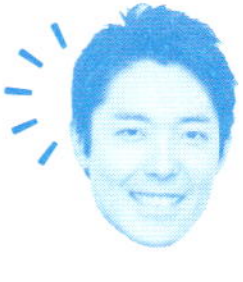

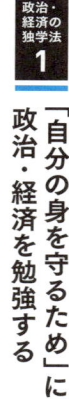

第5章 「英語」の独学勉強法

序章

勉強の「面白さ」を伝えたい！

僕が教育系YouTuberになった理由

２０１９年春、僕はYouTubeで教育系の動画配信をスタートしました。題して、「中田敦彦のYouTube大学」。チャンネルで扱っているテーマは、日本史、世界史、文学、現代社会などです。チャンネル登録者数は、開始５か月で１００万人を突破。学び直しの大人だけでなく、高校生や大学生も視聴してくださっているようです。

テレビを中心に活動していた僕が、なぜYouTubeという新たなフィールドで勝負することになったのか？

そもそものきっかけは、「YouTube大学」の開始からさかのぼること、約３か月前。すでにYouTuberとして活躍していたカジサックさん（お笑いコンビ・キングコングの梶原雄太さん）からかけていただいた言葉でした。

カジサックさんのチャンネルに出演した際、「中田さんはYouTubeに向いているから、教育系YouTuberになりなよ！」と、アドバイスをいただいたのです。

以前、テレビ番組『アメトーーク！』（テレビ朝日系列）の「勉強大好き芸人」の回に出演したあたりから、「高学歴芸人」そして、「勉強が得意」「勉強好き」というパブリックイメージができました。

だから、カジサックさんは、僕と「教育」に親和性があると考えて、そういう言葉をかけてくださったのだと思います。でも、その後、僕はカジサックさんのこの言葉をすっかり忘れていました（笑）。

ところが、その後2か月ほどの間に、ラジオ番組（「オリエンタルラジオ　中田敦彦のオールナイトニッポンPremium」）が終了したり、いろいろとうまくいかない出来事が続いたため、一度立ち止まってじっくり考える時間をつくったのです。

そして、「この状況を打破するにはどうすればよいか？」と考えていたときに、カジサックさんの言葉をふと思い出したのです。

「心から届けたいと思うコンテンツ」を届けてみたい

「YouTubeを始めよう」と僕が思ったのには、他にも理由があります。

「自分が心から届けたいと思うコンテンツを自分の好きなように届けてみたい」

以前から、そう思っていたのです。

それまでの僕の主戦場だったテレビには、様々な制約があります。

特に「大御所」というポジションでもない僕にとって、テレビは「自由度が低い」メディアでした。

一方、YouTubeには、テレビほどの制約がありません。自分の思うことを自由に表現できます。この点が、とても魅力的に映ったのです。

YouTubeを始めるにあたって、僕が最初にベンチマークしたのが、メンタリストのDaiGoさんのチャンネルです。DaiGoさんはメンタリストとしての知識とスキルを生かし、「人間関係」「恋愛」「学習法」「メンタル強化」「健康・ダイエット」など幅広い分野の内容の動画を配信しています。

DaiGoさんの動画は、基本的に流暢な喋りをベースにしていて、人気があるのも納得できました。

ただ、僕とDaiGoさんには決定的な違いがありました。DaiGoさんのコンテンツの大半は、若年層の女性に向けた恋愛モノやダイエットモノなのです。冷静に考えて、僕が若年層の女性向けのコンテンツをメインにするのはムリがあります。

そこで、次にベンチマークしたのが、より「教育」を前面に打ち出した「教育系YouTuber」の方々でした。

僕が最初にチェックしたのは、本書の対談ページにも登場する、ヨビノリたくみ先生とムンディ先生の二人です。

ヨビノリたくみ先生は、〝予備校のノリで学ぶ「大学の数学・物理」〟というチャンネルを開設し、難しそうな数学や物理をスマートに解説しています。

たくみ先生の動画を見て「面白い」と思った僕は、試しに小学校の算数で登場する魔方陣の解き方を動画で解説してみました（「3×3の魔方陣が1種類しかないことの超簡単な説明」)。けれども、これは思うような反響が得られませんでした。

理由は明らかでした。たくみ先生は、非常にロジカルに説明するスキルに長けています。ロジカルな語り口は、数学や物理を解説するのに適しています。

一方で、僕はどちらかというとエモーショナルな語りをします。論理で納得させるというより、感情で共感してもらうような解説が得意なのです。

そう考えると、僕は「数学と相性がよくない」という結論が導き出されます。そして、数学はあきらめました（その後、一度だけ数学の授業動画を収録したのですが、納得できず、お蔵入りにしました。でも、理系ネタについては、機会を見計らって、もう一度チャレンジしようと思っています）。

そして、次に目を付けたのが歴史です。歴史は、高校時代に猛烈に勉強していたので自信がありました。

さっそく、ムンディ先生が配信している世界史、日本史、地理の授業動画を観てみると、これが、とてもわかりやすい。しかも、ムンディ先生のあふれ出す歴史愛と豊富な知識量に圧倒されてしまいました。

この段階で、僕は気付いたのです。

たくみ先生とムンディ先生は、それぞれ歴史と数学の高い専門性を持った、いわばスペシャリストです。お笑い芸人の僕が、彼らと同じように「専門性」という土俵で勝負したとしても勝ち目はありません。

そこで、僕は自分がお笑い芸人であることを最大限に活かせる**「YouTube×教育×お笑い」をコンセプトにした、短時間で楽しくザッと学べる「エクストリーム授業」を思い付いた**のです。

ただ、僕の「エクストリーム授業」は、単純に「お笑い芸人による、お笑いを混じえた面白おかしい授業」というわけではありません。

僕の授業動画には、**学生時代に自分が受けていた教育に対する「アンチテーゼ」も反映されています。**

「学校の授業」にずっと違和感があった

「学生時代に受けていた授業」に対して、僕は2つの違和感を持っていました。

1つ目は、**「覚えるべき理由」がわからない**ことです。

「ここはテストに出る大事なところだから、しっかり覚えておくように」

これは、僕が中学生や高校生だった頃、学校の先生が板書にアンダーラインを引きながらよく言っていたセリフです。

このセリフを聞くたび、僕は内心イラっとしていました。

「他人事みたいに言っているけど、テストに出すかどうかを決めているのは、テストをつくっているアンタだろ！」と、心の中でツッコんでいたのです。

そもそも「テストに出るから大事」というセリフは、論理的に破たんしています。

本来、「大事な内容だから、テストで出題して生徒の理解度を確認する」が正しいはずです。

でも、現実には、「大事だからテストに出している」ではなく、「テストに出るから大事」がまかり通っています。

そして、次のような流れが定着してしまい、生徒からすれば、「テストに出る」以外に覚えるべき理由がさっぱりわからなくなっています。

「ここは入試でよく出題されるから、大事」

←

「入試で頻出するところを学校のテストで出題する」

←

「学校のテストで出題するところを生徒に覚えさせる」

本来、テストは勉強をやる「目的」ではありません。勉強の習熟度を確認するための1つの「ツール」にすぎないはずです。

つまり、**僕が受けていた学校の授業には、教える側の「主観」がまったくなかった**

ということです。そう考えると、先生が他人事のように話していたのも納得できます。

このように、学生時代、僕は「学ぶ理由がよくわからない授業」に強烈な違和感をずっと抱いていたのです。

きっと、学生時代に僕と同じような授業を受けてきた人は多いはず。だから、自分がYouTubeで授業するにあたって、視聴してくれる人に対して**「僕の授業内容を覚える理由を明確にしたい」**と思ったのです。

僕の授業内容を覚えてほしい理由は、ズバリ1つです。


「めちゃくちゃ面白いから」


僕が授業動画で取り上げるコンテンツの選択基準は、「学校のテストに出るから」でも「何かの資格取得に役立つから」でも「就活に役立つから」でもありません。すべて、僕が「面白い」と思っているから。非常にシンプルな理屈です。

実際、授業動画の中で、僕は「ここ、めちゃくちゃ面白くてさ！」と頻繁に言っています。

ただし、どこに面白さを感じるかは、あくまで人それぞれ。必ずしも、僕が面白いと思う内容を同じように面白がる必要なんてありません。

僕が授業動画で取り上げているコンテンツはぜんぶ面白いから、ぜんぶ覚えてくれ、とは言いません。観た上でつまらないと思ったら、すぐに頭から内容を捨ててもらってかまいません。

先生が、「自分の主観」で、「覚える理由」を生徒にきちんと伝える授業——。

これが一番大切なことだと思っているので、僕は、授業動画の中で「めちゃくちゃ面白い！」と、「僕の主観」を言い続けているのです。

「これまで誰も受けたことがない授業」を目指す！

学生時代に受けていた「授業」に対して、僕が抱いていた違和感の2つ目。それが、「先生には、2つのタイプしかいない」ことです。

先生の1つ目のタイプは、**「学校型」の先生**です。

学校型とは、学校の教科書に沿って、教科書の内容を忠実に教えるということ。つまり、**学校型の先生は、教科書をはみ出せない**という限界があるのです。

2つ目が、**「塾（予備校）型」の先生**です。「学校型」の先生とは逆に、教科書をはみ出して比較的自由なスタイルで教えられます。

塾や予備校には、ユニークな教え方をする先生がたくさんいます。中には、林修先生のように、予備校の枠を超える人気講師もいます。

ただし、「塾（予備校）型」の先生にも、制約があります。それは、**「生徒の成績ア**

ップ、もしくは受験の合格を目的にしなければならない」ことです。

したがって、「塾型」の先生は、学校のテストや入試の点数アップに直結しない内容に時間を割く授業はできません。

これまでに僕が受けてきた授業は、すべて「教科書どおり」か「成績を上げる」、このどちらかでした。つまり、**「教科書をはみ出し、かつ、成績アップを目的にしない授業」をする先生に出会ったことがなかった**のです。

でも、僕が考える勉強の一番の面白さが、まさに、**「教科書をはみ出し、テストにもあまり関係がないところ」**にあります。

だから、**僕が「これまでにない先生像」をつくり、勉強の新しい「価値」を提案する授業をしよう**と考えたのです。

おかげさまで、YouTubeの僕の動画のコメント欄に、「こんな授業を受けたのは初めて！」「勉強って、こんなに面白かったんですね！」という言葉をたくさんいただいています。やはり、僕の読みは間違っていなかったと確信しました。

そもそも、勉強は、学校の教科書の内容を身につけたり、成績を上げたりするためだけにやるものではありません。

学ぶことによって、人生が豊かになり、知識欲や好奇心を満たすことができる。そして、何より自分を成長させてくれる肥になる。このような勉強をしている瞬間は、僕にとって一種の〝快楽〟であり、エンターテインメントです。

それにもかかわらず、世間には、純粋に勉強を楽しむためのコンテンツがなかった。いや、「なかった」と言い切るのは語弊があります。テレビも、勉強をエンターテインメントとして提供しているからです。

たとえば、『世界一受けたい授業』（日本テレビ系）という番組があります。タイトルのとおり、各分野で活躍する第一線の「先生」が、専門知識をわかりやすく講義してくれる「教育バラエティ」です。司会の堺正章さん、くりぃむしちゅーさんとの掛け合いも面白く、視聴率も高い人気番組です。

ただ、テレビの現在の「教育バラエティ」には1つの問題があります。メインターゲットが、中高年層なのです。

『世界一受けたい授業』の過去の授業を見てみると、『肩こり、腰痛を改善！1分間伸ばすだけ！奇跡のストレッチ』や『眼科専門医が作った！目が良くなるトレーニング』など、健康をテーマにしたものが多いことに気づきます。

学校や塾の先生にはできない「教え方」がある

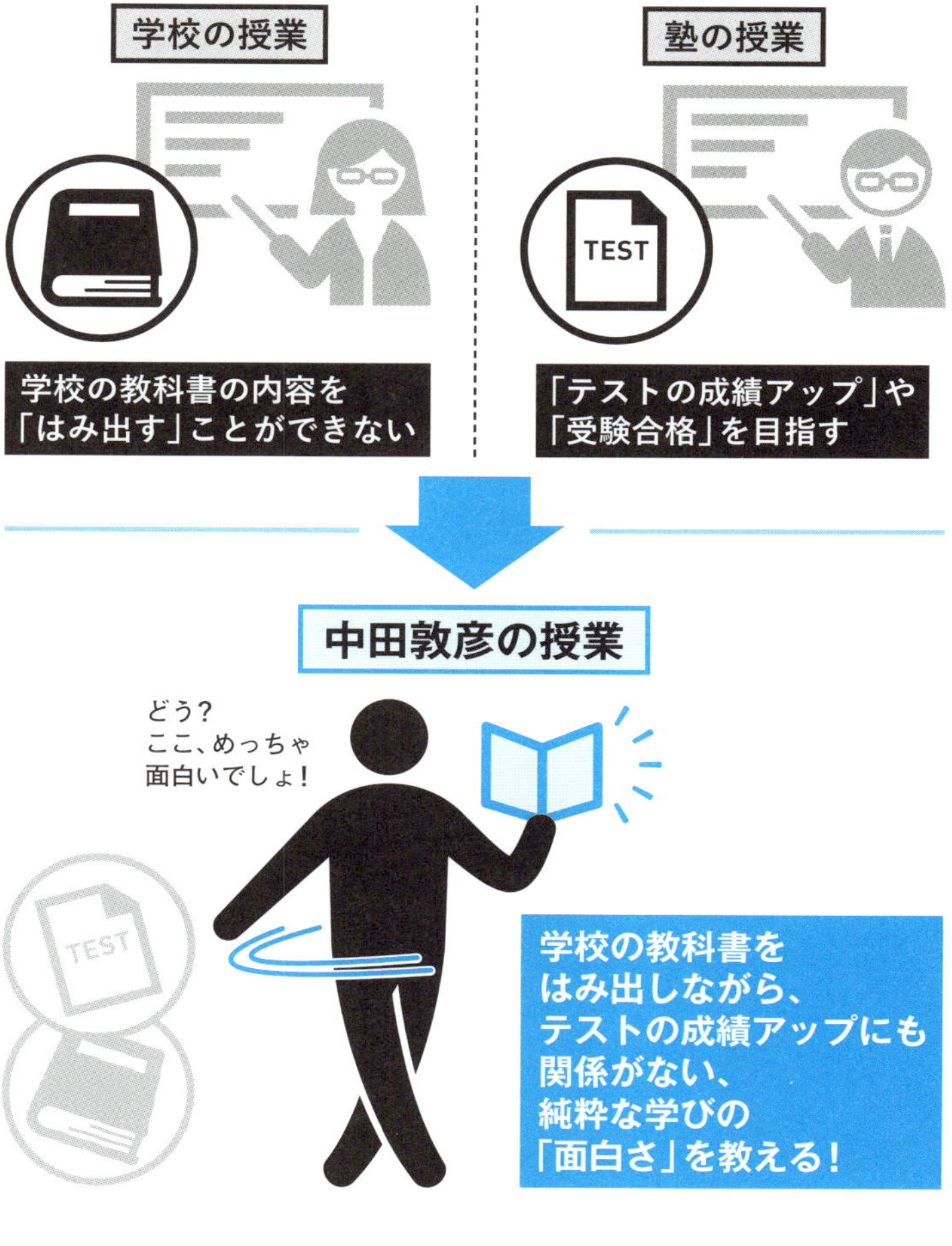
学校の授業
学校の教科書の内容を
「はみ出す」ことができない
塾の授業
TEST
「テストの成績アップ」や
「受験合格」を目指す
中田敦彦の授業
どう？
ここ、めっちゃ
面白いでしょ！
TEST
学校の教科書を
はみ出しながら、
テストの成績アップにも
関係がない、
純粋な学びの
「面白さ」を教える！

中には、『「なんと めでたい ご臨終」に学ぶ 笑顔で最期を迎える方法』のようなテーマもあるくらいです。

若者のテレビ離れが進み、テレビ自体のメインターゲットが中高年層にシフトしているので、ある意味、仕方のないことではあります。

僕がテレビ番組『しくじり先生』(テレビ朝日系列)に出演した回は、20〜30代の視聴率が高く、反響も大きかったと聞きましたが、テレビのマス層が20〜30代ではなかったために、全体の数字では突出できませんでした。

実際、テレビの制作の方に「君は20〜30代の数字は取れても、50代以上の数字は取れないから、君の番組は続かない」とはっきり言われたこともあります。

YouTubeであれば、テレビではできない20〜30代をターゲットにした「教育バラエティ」というコンテンツを提供できる——。

現状、YouTubeはまだ若年層がメインです。でも、間違いなく、今後は多くの世代が観るようになります。

そうすると、コンテンツ全体のクオリティが一気に上昇し、その過程で教育コンテンツにより関心が集まるようになるはずだと考えました。

僕はYouTubeに対して、1つの仮説を立てています。

それは、**現在のYouTubeは、テレビが歩んできた歴史を10倍速でトレースしている**ということです。

現在、トップYouTuberとして活躍しているヒカキンさんは、元々キッズチャンネルがメインでした。

フジテレビが「楽しくなければテレビじゃない」という会社のキャッチコピーを掲げたのは80年代に入ってからで、それまでは「母と子のフジテレビ」でした。それが、テレビの視聴層に若年層が増えたことで、テレビのコンテンツも過激なものが増えていったのです。いま、YouTubeのコンテンツは「やんちゃ系」が多いですが、それは「80年代のフジテレビのノリ」といえます。

テレビは、その後、『クイズ$ミリオネア』（フジテレビ系列）『クイズ！ヘキサゴン』（フジテレビ系列）などのクイズ番組、その次に『世界一受けたい授業』（日本テレビ系列）『池上彰のニュースそうだったのか!!』（テレビ朝日系列）などの教育バラエティ番組が全盛になるという歴史を歩んでいます。

現在、すでにYouTubeでは『QuizKnock』さんというクイズ系のチャンネルが人気になっています。

ということは、僕の仮説が正しければ、あと数年以内にYouTubeでも、教育系チャンネルが主流になる日が来ることになります。

僕のYouTubeへの挑戦には、こういう背景と狙いがありました。

第1章

中田敦彦式
独学勉強法
6つのルール

これから、「独学」は必須スキルになる！

勉強は、めちゃくちゃ楽しいものです。

しかも、勉強すると、その先にはいいことまであります。それは、**教養が身につくこと**です。

僕のYouTubeチャンネル「YouTube大学」のキャッチコピーは「新時代を生き抜くための教養」です。

僕にとって教養は、「大人の必須アイテム」です。

なぜ、必須かというと、**教養は自分を「アップグレード」させるために欠かせないもの**だからです。

誰しも、社会人になって10年も経てば、自分の仕事がルーティン化しがちです。

たとえば、僕がやっているタレント業でいうと、「ロケに行って食レポをする」「ゲ

ストを交えてトークをする」といった仕事は目をつぶっていてもできる自信がありま
す。なぜなら、身体に段取りが染みついているからです。

一方で、業界全体は10年もすると大きく変化します。その変化に対して、ルーティンワークだけでは対応しきれなくなるのです。もしくは、対応できるエリアが徐々にスケールダウンしていきます。

今、世界がこれまで人類が経験したことがないほどの大きな変化を迎えようとしています。

そんな時代に、自分が持っている経験と知識だけで立ち向かおうとするのは、冷静に考えて、かなり無理があります。

だから、「新時代を生き抜くための教養」が、大人が生きていく上での必須アイテムなのです。

これまでの学びの手段は、「学校に通う」か「本を読む」くらいしかありませんでした。でも、今はインターネットがあります。

学びをテーマにしたブログやメルマガなんて、数えきれないほどたくさんありますし、紙の本を読むにしても、アマゾンのおかげで、より幅広く様々な本が簡単に手に入るようになりました。

さらに、YouTubeが生まれ、教育系YouTuberが登場したことにより、好きな時間に、無料で、しかも質の高い講義が受け放題です。

現在、「学びたい」という欲求さえあれば、いくらでも自分で学べる環境が揃っているのです。

これからの時代、「独学ができる人」と「独学ができない人」の間にかなり大きな差が生まれる。僕は、そう考えています。

もしかしたら、この先、学びに関して、リアルの学校や塾が必要なくなる可能性すらあります。

また、SNSのおかげで、人ともつながりやすくなっています。

僕は、自分が学びたいと思う分野があるときには、**「師匠」をつくる**という方法をよくとります。

現在、堀江貴文さんに会って、ビジネスについて自分のアイデアをぶつけて、アドバイスを受ける機会があります。堀江さんや西野亮廣さんのオンラインサロンに参加して、彼らの手法を学ぶようにもしています。僕は、この行為を「先進国を視察する」

と呼んでいます。

もちろん、気になった人全員と実際に会えるわけではありませんが、たとえ会えなかったとしても、その人のSNSやブログ、メルマガなどをつねにチェックして追いかけるようにするだけでも、多くのことを吸収できます。

社会の変化は、日に日に加速しています。

「自分を日々進化させるための勉強ができる」ことが「必須スキル」となる日は、そう遠くないはずです。

僕が勉強するときに意識していること

歴史など、各分野の勉強法をご紹介する前に、ここでは、勉強全般において僕が意識していることをお話ししたいと思います。

教養を身につけるための勉強をするとき、僕の中では左の6つのルールがあります。

僕の独学には、本が欠かせません。

なので、ほぼ読書に関するルールになっています。

次項から、1つずつご説明していきましょう。

中田式、独学勉強法6つのルール

1	「読書」の目的を明確にする
2	情報収集は「1冊の本」を軸にする
3	本で学んだ知識を「体感」してみる
4	「誰かに話すこと」を前提に本を読む
5	「テレビ番組」を学びのツールにしない
6	「歴史」を軸に、その他の分野を横展開で学ぶ

中田式
独学のルール 1

「読書」の目的を明確にする

「勉強したいけど、本を読むのが苦手」という人がいます。

じつは、**僕も本を読むのは苦手**です。

YouTubeでたくさんの本を取り上げていることもあり、僕のことを「読書家」だと思い込んでいる人が多いようですが、僕は先輩のピース・又吉直樹さんのような「読書好き」ではありません。活字中毒でもないですし、むしろ、文字を読むこと自体は苦痛だったりします。

メディアに登場する「読書家」がたいてい「読書好き」なので、「読書は、読書好きのもの」というイメージを持ってしまう人が多いのでしょう。

でも、別に、本を読むのが苦手でも読書はできます。

僕には「情報収集の手段として本が優れている」「教養を勉強するのは面白い」とい

う考えがあるので、**「割り切って」本を読める**のです。

あと、「身につけた知識を人に話したい」という欲もあります。

僕は、話すのが大好きな人間です。どうせ話すなら、相手を感心させたいとか、驚かせたいという気持ちを強く持っています。そのために必要だと思えば、本を読み込む苦痛も我慢できます。

本を読んでいる間は苦痛ですが、それを自分の知識として落とし込んで人前で話している時間は、とてつもない快楽です。

一度人に話す気持ちよさを味わうと何度でもまた味わいたいと思います。その楽しさを思うと、苦痛な読書も頑張ることができます。

本を読むのが苦手な人は、**最初に自分の中で読書の「目的」を明確にする**とよいと思います。

読書をすることの先に、「楽しい」ことがある――。

そう思えれば、僕と同じように「割り切って」読書ができるようになるはずです。

「読書が苦手な人」の本の読み方

✕「読書好き」じゃないと、本は読めない

本を読むのが
苦痛な自分には
読書なんて
できない……

◎「目的」を明確にして割り切って本を読む

情報収集の
方法として
本は最適！
文字を読むのが
苦手でも、
"割り切って"
本を読める
ようになる！

中田式
独学のルール 2

情報収集は「1冊の本」を軸にする

「今の時代、本で調べるよりも、ネット検索のほうが効率よくないですか？」

このような疑問を持つ人がいるかもしれません。

たしかに、ネット検索は、情報にアクセスする「速さ」に優位性があります。

ただし、ネット記事を読んだだけで満足してはダメです。ネットで入手できるのは、あくまでも「単発の情報」だからです。**ネット記事は散文的で、テーマを立体的に理解するには不十分**なのです。ネットの有料ニュースサイトなどで主要な記事をチェックした上で、情報を補完することが大切です。

そこで有効なのが、読書。**情報収集において、本は最も効率のよいツール**です。

たとえば、ネットの記事で「ＡＩ」「ブロックチェーン」「働き方改革」のトピックに触れたとします。そういったトピックを深掘りして、周囲の人と議論したいと思ったときには、本にあたるのが一番手っ取り早い方法です。

本を探すときには、ネット書店で検索するのではなく、街の書店で自ら選ぶのが理想です。ネット書店には、ワンクリックで本が手に入るというメリットがあります。僕自身も利用しています。ただ、ネット書店の「試し読み」には制限があるので、書店の立ち読みと比較すると、「一覧性」という点で劣ります。

いい本に出会いたいなら、やはり街の書店に足を運び、そのテーマに関する本を実際に手に取ってページをめくってみるのが一番です。全体のページをパラパラと眺めてみれば、その本と自分の相性の良し悪しもつかめます。

僕の場合、読みやすそうな本を2〜3冊まとめて購入し、その足で喫茶店に入り、読み比べます。そのうち1冊を軸にして、残りは補完的に参考にするのです。

僕は同じ本を2回読みます。1回目はザッと読み、2回目で気になった箇所に線を引くのです。僕の読書のポイントは、**本文を読む前に目次を読み込む**ことです。目次から内容を想像した上で本文を読むと、内容の理解がグンと深まるのでオススメです。

そして、本を読んでいて気になったキーワードはネットで調べる。この流れが、情報収集法としては、現時点で僕のベストです。

中田敦彦流 情報収集術

1 街の書店で、気になるテーマに関する本を**２～３冊まとめて**購入

↓

2 すぐに喫茶店に入り、購入した本を**読み比べ**

↓

3 **そのうち１冊を軸**にして、残りは補完的に参考にする

↓

4 本を読んでいて、**気になったワード**は**インターネット**で調べる

中田式
独学のルール 3

本で学んだ知識を「体感」してみる

勉強するときに、僕が気を付けていることがあります。

それは、**インプット一辺倒にしない**こと。本から学んだことをそのまま放置すれば、記憶から薄れていく一方になってしまいます。

インプットとアウトプットを両方行うことで、知識が自分の中にうまく落とし込まれていきます。

僕は、むしろアウトプットが先行だと思っているくらいです。インプットを増やしたいなら、先にアウトプットの数を増やすのです。そうすると、インプットのスピードと質が劇的に向上します。

ただ、定期的にテストがある学生と違い、社会人には、学んだことをアウトプットする場なんて、ほとんどないと思います。

なので、**学んだことはノートやブログに書いたりして、意識的にアウトプットしたほうがよい**です。

さらに、アウトプットするだけでなく、**本を読んで学んだことを実際に「体感」してみる**のもオススメです。

たとえば、僕は『ペンブックス20 イスラムとは何か。』（CCCメディアハウス刊）を読んだことがきっかけで、実際にモスク（イスラム教の礼拝堂）に出かけてみたことがあります。

僕が訪ねたのは、東京・代々木上原にある「東京ジャーミイ」という日本最大のモスクです。

礼拝堂は、とにかく美しくて感動しました。やはり、本を読むだけでイスラムを理解するのと、実際に礼拝堂にまで行くのとでは、感じ方がまったく変わります。

その後、東京・文京区にある「東京カテドラル聖マリア大聖堂・カトリック関口教会」というキリスト教の教会にも行きました。ここには聖堂があり、ミサにも参加できます。この聖堂は日本人がデザインしたものであり、とても素敵な空間です。キリスト教について勉強するときは、ぜひ足を運んでみてください。

あと、文学作品を読んだ後にも、作品の舞台となった場所や文学碑を見学するのがオススメです。

たとえば、夏目漱石の小説『こころ』を読んで乃木希典の人生を思いながら乃木公園や乃木神社に行ってみるのです。

乃木将軍の邸宅跡や、乃木神社に収められている資料や写真を実際に見てみると、乃木希典という人をより立体的に解釈できるようになるはずです。

中田式
独学のルール 4

「誰かに話すこと」を前提に本を読む

本で学んだことをアウトプットする方法として、「人に話すこと」もオススメです。

そうすることで、**学んだ知識がより頭の中で整理されたり、きちんと理解できていなかった点などが明らかになったりします。**

また、人に話すことを「前提」に読書すると、これまでよりも**インプットの量が格段に増える**のも実感できるようになるはずです。

YouTubeの授業動画を収録するとき、僕はスクリプト（放送用の原稿）をつくりません（じつは、オリエンタルラジオの漫才にも「台本」はありません）。

ホワイトボードに書いた情報を目にしながら、その場のアドリブで話を進めます。

「スクリプトなしで、よくあんな膨大な情報量をスラスラと話せますね」と不思議がられることがよくあります。

でも、僕に言わせると逆です。むしろ、スクリプトをつくってしまったら、あんなふうにスラスラと話せなくなるはずです。

なぜ、僕が膨大な情報量をスラスラと話せるかといえば、「1時間近くぶっ続けで喋り続ける」ことを前提に本や資料を読んでいるからです。

話すことを前提にして情報収集すると、**インプットしながら情報が頭の中で立体的に積み上がっていきます。**だから、たくさんの情報を覚えられるのです。

ただし、僕の場合、単に内容を淡々と解説するだけではダメで、「面白い！」と思ってもらわないといけません。なので、授業動画の大まかな流れを収録前にスタッフに話したりします。

「太宰治って、こういう人で、『人間失格』はこれこれこういう作品で、こんなポイントが面白いんだ！」

こんな具合に話をしてスタッフの反応をたしかめながら、時に話の組み立てを微調整して、最終的に確定させています。

参考までに、一本のYouTube動画を撮るためにどのようにインプットして、どのように話の流れを組み立てているのか、僕の準備の仕方をご紹介します。

「インプット」したら「アウトプット」もする

✕「聞くだけ」「読むだけ」のインプット一辺倒

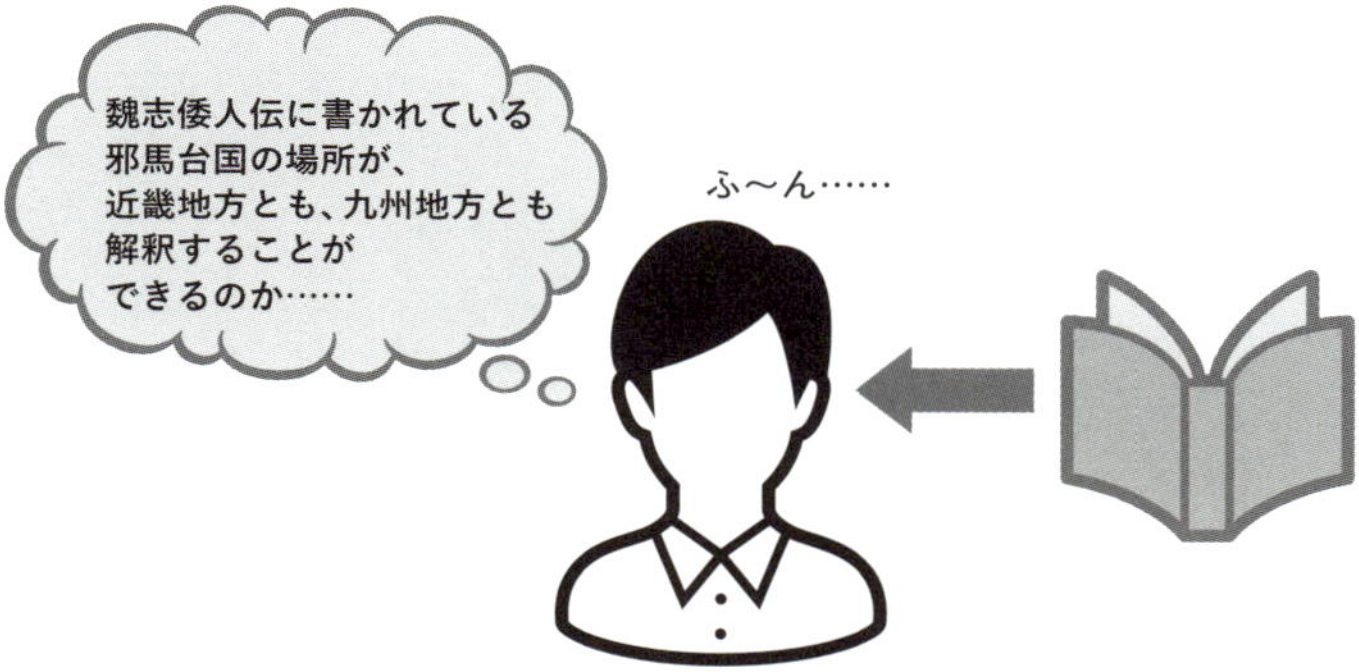
魏志倭人伝に書かれている
邪馬台国の場所が、
近畿地方とも、九州地方とも
解釈することが
できるのか……
ふ〜ん……

◎「学んだこと」を他の人に話す

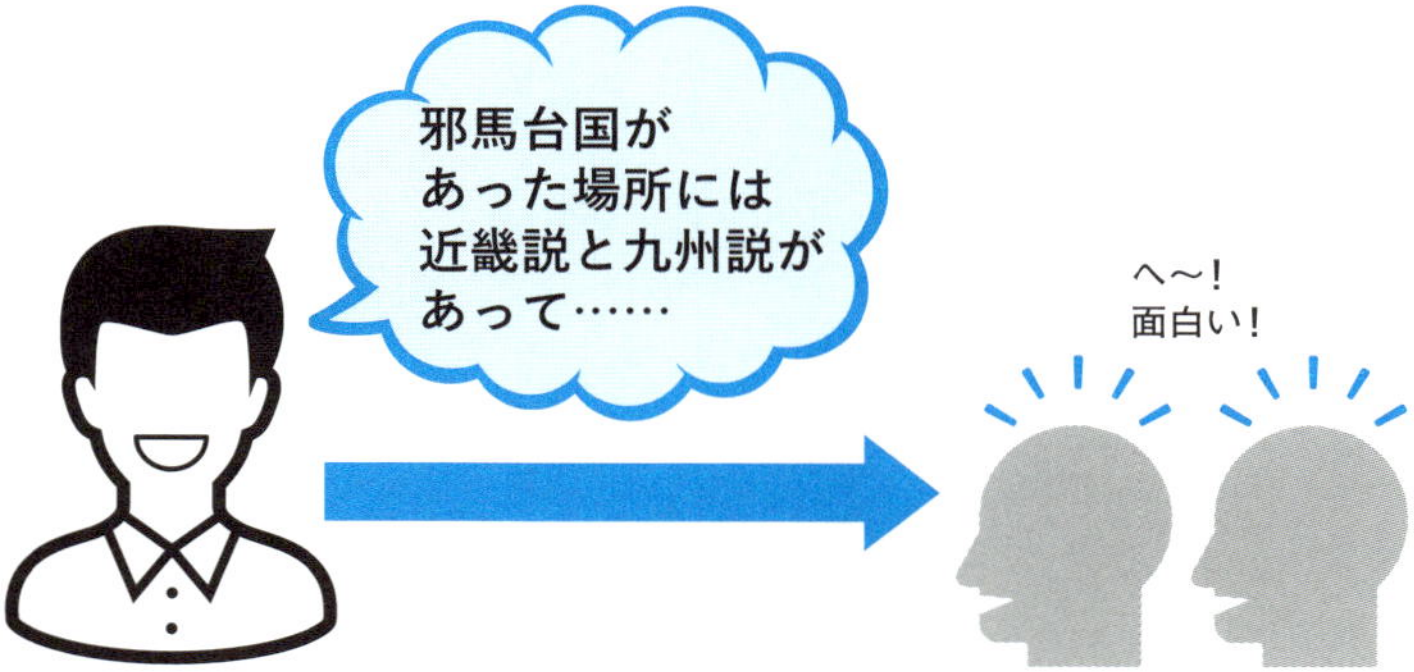
邪馬台国が
あった場所には
近畿説と九州説が
あって……
へ〜！
面白い！

まず、取り扱うテーマを決めたら、そのテーマについてネットの情報を検索するだけでなく、関連図書を1~2冊程度読みます。このとき、仲間のスタッフさんにも資料を用意してもらうこともあります。

この段階で情報が少ないと感じたときは、さらに追加で資料を探す場合もあります。反対に、情報が十分だと判断すれば、読書を1冊で切り上げたりもします。

本を読んだり、資料を読み込んだりする際は、いったん情報をノートに書き出します。重要だと思われるキーワードや人物名をとにかく書きなぐります。このとき、板書をどう仕上げるかを意識しながら、ノートをとっています。ホワイトボードにまとめるときに、絶対に欠かせない情報を拾っていくイメージです。1枚のホワイトボードがちょうど埋まるくらいまで情報を拾えたら、情報収集は終了です。

そして、ノートを書き終えたら、情報をホワイトボードに集約させます。

僕の板書は、「左側に時系列の出来事」、「右側に重要人物を並べる」が基本フォーマットです。僕が頭で物事を理解するときのフォーマットがそのまま、ホワイトボードに「見える化」されている感じです。

あと、空いているスペースには、「補足情報」を書くこともあります。

池上彰さんは、テレビより本がスゴイ！

テレビの大人向けの教養番組として最初に思い浮かぶのは、ジャーナリストの池上彰さんの番組です。

池上さんは、政治や経済をはじめ、あらゆるテーマをわかりやすく解説するスキルに定評があり、番組も人気を博しています。僕も、池上さんの番組にパネラーとして何度も出演しています。

じつは、僕は「YouTube界の池上彰」を狙っていて、池上さんに対しては、大きな尊敬の念を抱いています。

池上さんは、僕と比較すると圧倒的に広い知識のバックボーンがあります。しかも、1つの事象に対する解釈が非常に多面的でありながら、コメントはつねにフラットで安定感があるという離れ業のようなトークスキルをお持ちです。

また、「何を言うと危ないか」をきちんと理解されているので、政治や宗教に関してかなり切り込んで解説しても、決してトラブルになりません。

ただ、テレビ番組は、時間が限られています。

池上さんの番組を観ていると、VTRやパネラーとのやりとりなどに時間が割かれ、情報が薄まってしまっている印象があります。これは、池上さんの問題ではなく、テレビ番組の構造上の問題です。

結論を言うと、池上さんの凄さを味わうなら、テレビ番組よりも池上さんの著書のほうがオススメです。**池上さんの番組よりも、池上さんの著書のほうが何倍もの情報が効率的に得られ、しかも純粋に読んでいて面白い**と僕は思っています。

僕の動画も、池上さんの本を読んで参考にしたものが何本もあります。特に現代史などは、池上さんの著書に大いに助けられました。

僕の現代史の動画を見て興味を持ったテーマがあったら、池上さんの著書をぜひ読んでみてください。

中田式
独学のルール **5**

「テレビ番組」を学びのツールにしない

歴史という「過去」と同時に、「現在」を学ぶことも大切です。

日本や世界情勢を学ぶ手段としては、「テレビ」「新聞」という2つのメディアをあげる人が多いと思います。

以前、僕はテレビの情報番組でコメンテーターをしていたことがあります。コメンテーターの仕事は勉強になることも多かったのですが、一方で、僕自身はテレビのニュース番組やワイドショーはまったくと言っていいほど観ません。なぜなら、**圧倒的に効率が悪い**からです。

前項でも少し触れましたが、コメンテーターをしていたときに気づいたテレビ番組の問題点の1つとして、「放送の時間枠があらかじめ決まっている」ことがあります。

本当は、放送時間はコンテンツの「量」に左右されるべきです。YouTubeの動画は、

10分だったり、30分だったりと時間がまちまちです。これは、コンテンツの内容優先で尺が決定しているからです。

10分で伝えられる情報は10分で伝えればいい。わざわざ30分も使う必要はない。単純明快な「理屈」です。

ところが、テレビはそれとは別の「理屈」で番組を制作しています。テレビは時間枠モデルであり、放送の時間枠にその日のトピックを入れていく「お弁当箱形式」で番組づくりをしています。結果として、時にどうしても1つのニュースを薄く引き延ばして放送する必要性に迫られたりします。5分で済むようなニュースを延々と60分に引き延ばす光景は、もはや日常となっています。

同じようなVTRを繰り返し流し、専門家に何度も「同じ質問」をして「同じ答え」を聞き出すのも、「時間枠ありき」だからです。

情報番組で、情報を引き延ばすつなぎ役を担っているのがコメンテーターです。言い方を換えれば、コメンテーターは「時間調整要員」なのです。だから、どうしてもコメントが薄くなります。そもそもコメンテーターは、主張したいことを的確に表現するのが困難なのです。

また、テレビのワイドショーは、基本的にバラエティ番組の延長でつくられています。バラエティ番組は、「MCの力が強い」という特徴があります。つまり、ワイドショーもMCのカラーや発言力が強いのです。

たとえば、世論をAとBに二分する話題があったとき、ワイドショーでMCが「Aに決まっている」と言うと、立場的に弱いコメンテーターは自説を強く主張できなくなります。コメンテーターがMCのメンツを潰すのは、番組内の力関係上、あってはならないことだからです。**ワイドショーは、「家父長」的な価値観でつくられているので、どうしても公平な議論がされにくい構造になっている**のです。

しかも、ワイドショーのメイン視聴者層は50代以上の男性にシフトしつつあります。50代以上の男性の耳に心地よい主張が善とされがちなので、**50代以上の男性の価値観が反映されやすい**という側面があるのも否めません。

もちろん、そういった現状をよしとしている人たちばかりではありません。忸怩たる思いをしている人たちもたくさんいます。ただ、現状のワイドショーがこのような構造のコンテンツだということを理解しておく必要はあると思います。

「メディアは、すべて公平中立」ではない！

そもそも、**すべてのメディアが公平ということはあり得ません。**

僕がワイドショーのコメンテーターをしていたときに、番組サイドから特定のコメントを強要された経験はありません。

ただ、前述のように、ワイドショーはMCが大きな発言力を持ちます。それ以外にも、大手芸能事務所についてはある種の忖度が働きます。政権への忖度もあります。そして、当然ながらスポンサーへの忖度もあります。

たとえば、番組のスポンサー企業がトラブルを起こしたとき、よほどの社会問題にならない限り、トラブルに関して番組はスルーします。

ちなみに、殺人事件が起きるテレビドラマでは、製薬会社がスポンサーに付いていたら、毒殺という方法は扱えません。同じく、自動車会社がスポンサーに付いていたら、交通事故は扱えません。

もちろん、テレビ番組のスタッフの方々は、なるべく公平であろうとしています。好き好んで偏った情報を発信しているわけではないはずです。

ただ、自由な発言の場のようであって、諸々のしがらみに縛られているのが、テレビというメディアなのです。

なんだか、テレビを一方的に悪者のように語ってしまいましたが、僕は、テレビをやり玉に挙げて攻撃したいわけではありません。

僕が一番お伝えしたいのは、**「どこにも忖度しないメディアなんて存在しない」**ということです。

どんなメディアでも「利益をあげる」という目的がある以上、しがらみが生じるのは自然の摂理です。それを頭ごなしに否定するより、**受け手側が、冷静に判断する目を持つことのほうがはるかに重要**です。

僕は**1つのメディアに偏るのは危険**だと思います。ワイドショーを見るのなら、少なくとも2つの番組をチェックしたほうがよいでしょう。

さらに、テレビを見るだけでなく、ネットからも情報を得るのが望ましいです。

そうやって**大量の情報の中から、バランスよく情報を選び取り、納得のいく真実にたどり着こうとする姿勢が重要**です。

次に、新聞についてですが、僕はテレビのワイドショーやニュース番組を観ないだけでなく、新聞も定期購読していません。

新聞の情報を軽視しているというよりは、家に大量の紙が届くのが嫌だからです。新聞を購読していると、あっという間に読み終えた紙が積み上がります。これを定期的に資源ゴミとして捨てる労力を考えると、ちょっとゲンナリします。とても紙の新聞に手を出そうという気になれません。

現在、テレビがYouTubeにおされぎみになっている要因は、コンテンツ力というよりも、ユーザインタフェース（ユーザー視点からのデザインを含めた、見やすさ、使いやすさなど）の優劣のほうが大きいと僕は考えています。

テレビニュースの見出しの付け方や新聞記事の組み方と比較して、NewsPicksのほうがはるかにユーザインタフェースに優れています。新聞がネットに負けているのも同様の理由です。

今の時代、ネットを抜きにして情報収集をするのは不可能です。ネットの活用は情報収集の基本です。僕自身、日々ネットから様々な情報を得ています。

ただし、**「ネットの情報を積極的に活用すること」と、「ネットの情報だったら何でもいい」というのは話がまったく別**です。

ひと言で「ニュース」といっても、報道機関がリソースを投じて取材した情報を発信しているケースもあれば、個人が思い込みを交えて発信しているケースもあります。中にはフェイクニュース、ジャンクニュースもたくさんあふれています。

フェイクニュースを「真実」だと思い込み、右往左往されている人をよく見ます。

一方で、ジャンクな芸能ゴシップやフェイクニュースに辟易しているビジネスパーソンが、有益な情報を手にしたいと考え、サブスク（サブスクリプション。サービスなどを一定期間利用することに対し、代金を支払う仕組み）などの手段を通じて有料コンテンツから情報を入手する傾向が顕著になっています。

たとえば、NewsPicksなどのメディアがその代表格です。

僕自身も、堀江さんや高城剛さんなどの有料メルマガをいくつか購読しています。彼らのようなインフルエンサーの意見を絶対視しろとは言いませんが、何のしがらみもなく個人で発信している人の情報には、耳を傾けるべきものがあります。

有料メルマガ以外にも、「note」で有料記事を公開している人もいます。

当然、当たり外れはあるものの、有益な情報に出会えることもけっこうあります。僕は、こうした情報にはケチらず投資するように心がけています。

有益な情報はお金を払ってでも手に入れたいと思っている人たちがいる。

その一方で、無料のジャンクニュースばかりを好んで読んでいる人たちがいる。

このように、**現在、「ニュース」は二極化して消費されている時代**なのです。

本の購入も同様ですが、質のよい情報を手に入れるには、ある程度お金を投資する必要があるのです。

中田式
独学のルール 6

「歴史」を軸に、その他の分野を横展開で学ぶ

大人の学び直しの勉強を始めるときに、最初にどの分野から手をつけていけばよいかと言うと、僕のオススメは、歴史です。

最初に、**日本史と世界史を学んで、自分の中で歴史の知識の軸をつくります。**

その次に、**歴史の知識を軸にしながら、文学や政治、経済、アートなどの分野に勉強を広げていきます。**

歴史の軸をつくるメリットは、ジャンルを広げていったときに、**自分の頭の中で知識を１つに体系立てて整理しやすくなる**ことです。

歴史と関連付けて学べるので、自分の頭の中に定着しやすくなるのです。

行き当たりばったりで、いろいろなジャンルに手を付けてしまうと、まったく使い物にならない知識が頭の中に積み上がるだけなので、要注意です。

また、歴史を学んでおくと、理解力そのものも格段にアップします。たとえば、文学作品やアート作品は、作品の時代背景がわかっているのといないのとでは、理解の深さがまったく変わってきます。

政治や経済についても、現在の視点だけで理解しようとするのではなく、国家や貨幣、法律、憲法、税制度などの歴史を学んでいたほうが、本質的な理解ができるようになります。

英語については、僕自身がまだ偉そうに語るレベルに及んでいないのですが、語学もやはり、その裏には人や文化の歴史があります。そういう意味では、イギリスやアメリカなどの英語圏の国の歴史を学んでおくことが役立つことはあると思います。

勉強する分野の広げ方

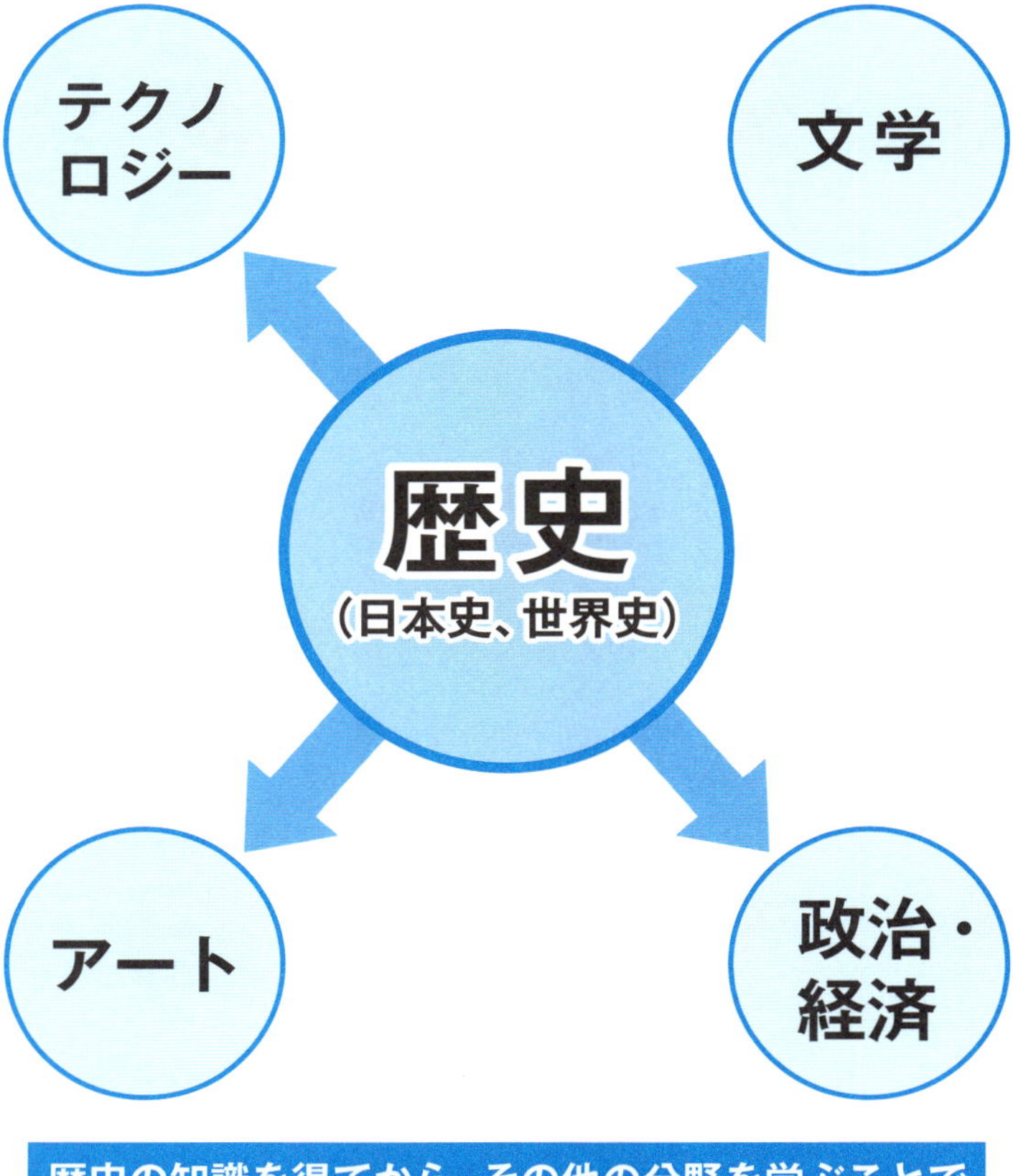

歴史の知識を得てから、その他の分野を学ぶことで知識が体系化されやすくなる

歴史、文学、政治、経済、英語、「勉強が死ぬほど楽しくなる」コツ

ここまで、僕が教育系YouTuberになった理由や授業動画のコンセプト、勉強に対する考え方などについて、お話ししてきました。

ここからは、ジャンルごとに具体的な勉強のコツをご紹介していきたいと思います。

よく考えてみると、「楽しむ」ことをゴールにした勉強本って、これまでなかったのではないでしょうか。そういう意味では、自画自賛ですが、本書は画期的な勉強本かもしれません（世の中は広いので、僕が知らないだけかもしれません。すでに存在していたら、すみません）。

取り上げるジャンルは、歴史（日本史、世界史）、文学、政治、経済、英語です。

では、さっそく、次章から中田式「歴史」の独学勉強法についてお話ししていきましょう！

第2章

「歴史」の独学勉強法

歴史の独学法 1

「歴史の勉強＝暗記」という考え方を捨てろ！

「歴史の勉強といえば、暗記」

こういうイメージを持っている人が多いと思います。

学生時代にやっていた歴史の勉強の思い出が影響しているのかもしれません。

だから、「歴史を学ぶ」というと、「そんなつまらないことはやりたくない」と条件反射的に頭と身体が拒否してしまうのです。

大学受験のとき、僕は日本史を選択していました。当時の僕は、「薄い問題集をとにかく何冊もこなす」というスタイルで勉強をしていました。

その頃の僕は、問題集に載っている「墾田永年私財法」「坂上田村麻呂」「日米和親条約」といった個々のワードと年号を紐付ける作業に没頭していました。それは文字どおり「作業」です。

正直に言うと、学生時代の僕は歴史の勉強を楽しめてはいませんでした。漠然と、「もっと面白い歴史の学び方はないものか……」と考えながら勉強していたのです。

ただ、当時の僕の周りにいた歴史好きは、いわゆる「歴史オタク」ばかり。彼らは戦国時代が好きだからという理由でひたすら戦国時代の本を読んだり、幕末が好きだからという理由で新撰組のことばかり調べたりしていました。彼らを横目に見て「そういうのもちょっと違うよな……」と、共感できずにいました。

それから、長い月日が経って社会に出てから、「もう一度歴史に触れたい」という欲求が強くなり、書店の歴史コーナーをめぐっていたときに手にしたのが、ムンディ先生の『一度読んだら絶対に忘れない世界史の教科書』という本だったのです。

ムンディ先生の世界史の解説には、年号が一切登場しません。

その代わり、世界史の大きな「流れ」を、まるで1つの物語を語るかのように解説してくれます。実際に、「流れ」に注目して歴史を勉強してみると、これが、めちゃくちゃ面白いのです。

その後、自分のYouTubeチャンネルで、世界史と日本史の大きな流れを高速で話してみたら、収録の最中、あまりに気持ちよくて軽い興奮を覚えました。

「なんで、こんなに歴史の流れを知ることは気持ちいいのだろう？」と考えてみたら、それは、**自分の中にある1つの「欲求」を満たしてくれるから**だという結論に辿り着きました。

僕たちは、「今、自分が生きている時代がどうやってできているのか？」を知りたいという根源的な欲求を持っています。

歴史の流れを勉強すると、その流れの行きつく先は、今、僕たちが生きている時代になります。つまり、**歴史の流れを学ぶと、自分の欲求が満たされる**のです。

歴史の勉強を出来事や人名、年号の「暗記作業」と捉えていたら、この快感を得ることはできません。

まずは、「歴史の勉強＝暗記」という考えを捨てることが第一歩。細かい年号や人名なんて、いちいち最初から覚える必要はまったくないのです。

ちなみに、これはムンディ先生の本の受け売りですが（笑）、先に歴史の流れを頭に入れておくと、年号は簡単に覚えられるようになります。

「暗記」ではなく、歴史の「流れ」を勉強する

✕ 出来事や人名、年号をひたすら暗記する

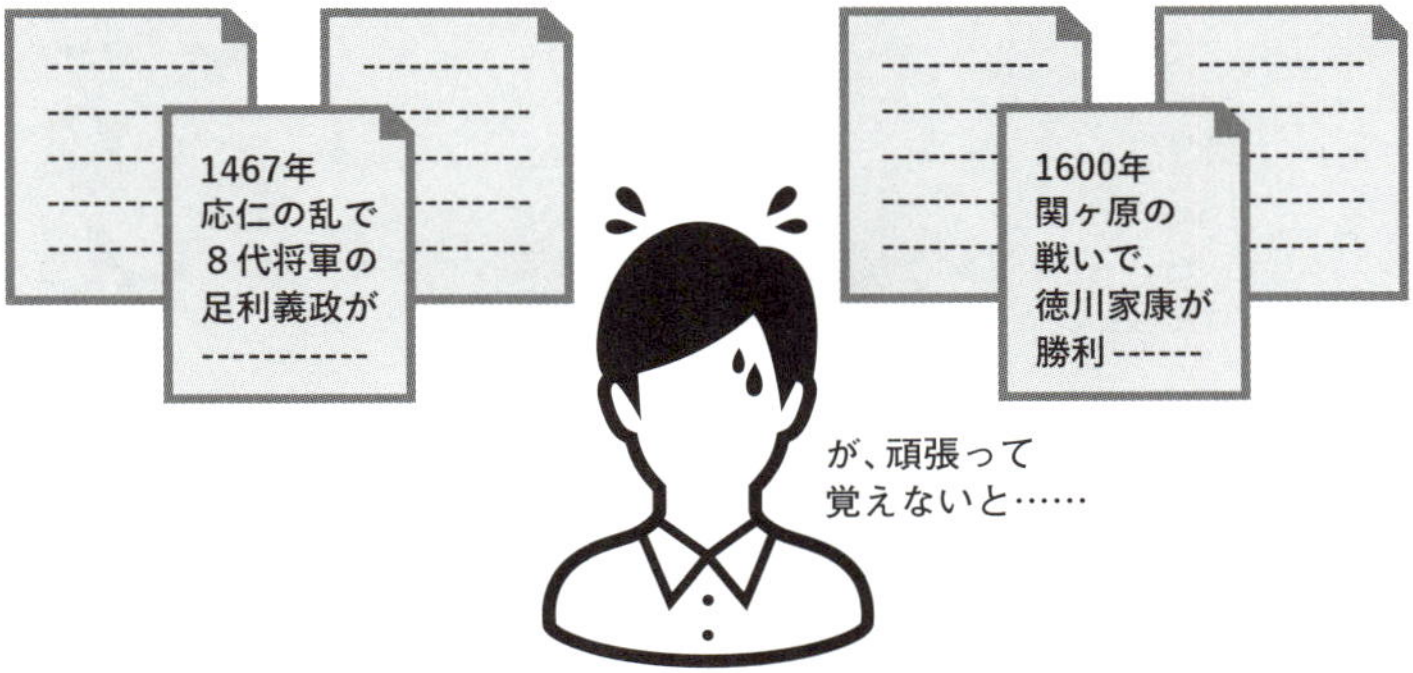
1467年
応仁の乱で
8代将軍の
足利義政が
1600年
関ヶ原の
戦いで、
徳川家康が
勝利
が、頑張って
覚えないと……

◎ 歴史の「流れ」にフォーカスする

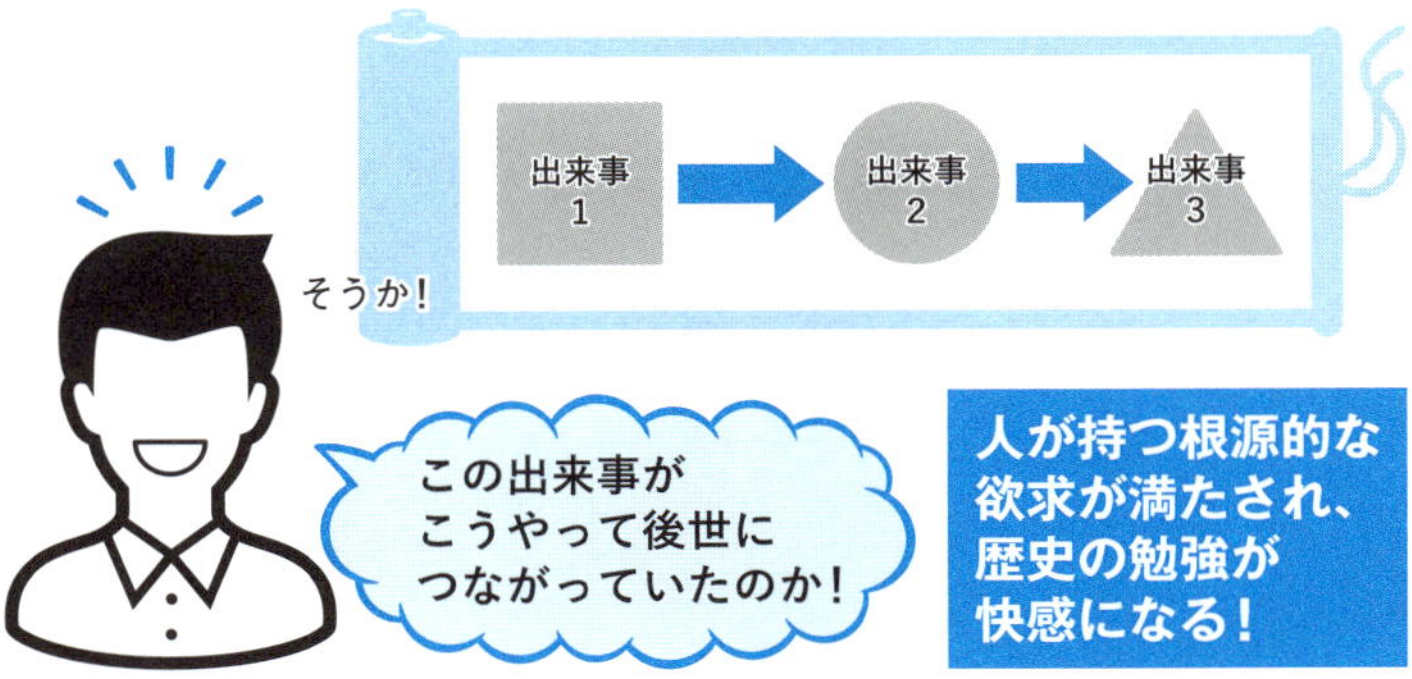
出来事
1
出来事
2
出来事
3
そうか！
この出来事が
こうやって後世に
つながっていたのか！
人が持つ根源的な
欲求が満たされ、
歴史の勉強が
快感になる！

歴史の独学法 2

歴史の「なんで?」を掘り下げる

歴史の出来事、人名、年号などを前から順番に覚えていくような勉強をいくらしても、歴史の流れはなかなかつかめません。

歴史の流れを自分で勉強するときのコツは、**「なんで?」という視点で出来事にツッコミを入れてみる**ことです。

鎌倉時代に起きた元寇を例に考えてみます。

北条時宗が執権を担っていた頃、チンギス・ハンの孫にして元の初代皇帝であるフビライ・ハンの使者が日本にやってきます。

フビライは日本に服属を迫りますが、日本は返書をしなかったので、ついに武力侵攻が行われました。

まず、元の3万人の軍が九州北部に上陸します。しかし、暴風雨によって元の船が沈んだため、日本は難を逃れます。その後、じつに14万人の元の大軍が再び日本に押し寄せるのですが、またしても日本は暴風に救われるのです。

ところが、話は「日本、超ラッキー！」で終わりません。

せっかく元寇を乗り切ったのに、なぜか鎌倉幕府は、その後に失墜していきます。

ここで一度立ち止まって、「なんで？」とツッコんでみることが、歴史の「流れ」をつかむことにつながります。

だって、不思議に思いませんか？

二度も、暴風雨によってピンチを救われた超ラッキーな鎌倉幕府が、敵がいなくなった後に衰退してしまうのですから。

ポイントは、日本にとって元寇が「侵略から自衛するための戦争」だったことです。

それまで、戦といえば、おもに国内の内乱でした。だから、勝者は、敗者側から領地を奪って恩賞にできたのです。しかし、自衛戦争だと、味方の戦功として土地を恩賞にできません。

元寇の後、味方に恩賞を与えることができなかった鎌倉幕府は、求心力を徐々に失っていき、失墜していくことになってしまうのです。

つまり、日本を攻め切れなかったものの、フビライ・ハンが鎌倉幕府崩壊への1つのきっかけをつくっていたということなのです。

ここで、元寇という出来事の「なんで？」を掘り下げたことで「鎌倉時代の最期」と次の時代の「室町時代」がつながりました。

こんな感じで、「なんで？」という視点で歴史を勉強していくと、歴史の「因果関係」がつかめて、つながりが見えやすくなります。

そして、そのような歴史の勉強を続けていくと、少しずつ、歴史の出来事が数珠つなぎにされていき、最終的に、自分の中に、歴史の大きな流れが浮かび上がってくるというわけなのです。

「なんで？」から歴史の流れが見えてくる

1　歴史の中の「なんで？」を掘り下げてみる

?
なんで、元寇の後に、
鎌倉幕府は
衰退したんだろう？

2　出来事の「因果関係」が見えてくる

!
味方に恩賞を
出せなかったから、
鎌倉幕府は求心力を
失っていったのか……

3　歴史がつながり、大きな「流れ」が見えてくる

!!!
鎌倉時代から室町時代への
移り変わりには、
「元寇」が
大きく影響していたのか！

歴史の独学法 3

「世界史↓日本史」の順に学ぶと歴史が10倍面白くなる！

「学生時代、歴史は、日本史か世界史のどちらか一方だけを勉強しました」

おそらく、このような人がほとんどだと思います。

僕も高校時代は日本史選択だったので、社会に出てから、世界史をよく知らないというコンプレックスがありました。

日本史と世界史を両方学ぶと、歴史の勉強が断然面白くなります。

たとえば、学生時代に日本史だけを学んだ人は、さきほどお話しした元寇について、「モンゴル軍が日本へ攻めてきたけど、なんとか追い返すことができた戦い」という程度の認識だと思います。

でも、世界史を学んで、チンギス・ハンの圧倒的な力と彼がつくったモンゴル帝国の広大さを知ると、このときの日本がいかに大ピンチだったかがよくわかるようになります。日本にとって、「ほぼ絶望的な戦い」だったことがより鮮明にイメージできるようになるのです。

YouTubeの授業動画を配信するために世界史を学び、その後、日本史を改めて勉強してみたのですが、学生時代の10倍日本史が面白くなっていました。

なぜ、世界史と日本史を両方学ぶのがそれほど楽しいのかといえば、日本史の出来事を世界史の視点から眺められるようになることの他に、もう1つ、**日本史と世界史の中に、「共通点」を見つけ出せるようになる**ことがあります。

たとえば、中国・秦の始皇帝には、「農民の反乱を恐れて、農民から武器を取り上げて釣り鐘にした」という記録が残されています。

このエピソード、日本史の中でも聞いたことがないでしょうか？

そう、豊臣秀吉が行った「刀狩り」という政策と非常によく似ているのです。

秀吉は天正16（1588）年に刀狩令を発し、大仏の鋳造を理由に農民から武器を徴収しました。秀吉の目的は、農民の武装を解いて一揆を防止することにあったと考えられています。始皇帝の狙いと、完全に一致しています。

ここでもう1つ面白いのが、それぞれの政策が実施された時期です。

秀吉が刀狩りを行ったのは、1500年代のほぼ終わりです。始皇帝が農民から武器を取り上げたのは紀元前200年頃。いかに始皇帝の政策が新しいものだったかがわかります。これも、世界史と日本史を両方学ぶからこそ、得られる視点です。

他にも、始皇帝は、金持ちの有力者の反乱を恐れて重要人物を首都に住まわせています。このエピソードもどこかで聞いたことがありませんか？

江戸時代に、徳川家光によって制度化された参勤交代です。

参勤交代は、全国の各藩の大名に、1年おきに江戸と国元を往復させるという制度です。さらに、大名の正妻と世継ぎを人質として江戸に住まわせなければならないという決まりもありました。これによって、各藩は経済力が削がれ、天下泰平につながったとされています。

始皇帝の施策は参勤交代制度とは異なりますが、根本的な発想が似ていることに驚かされます。

他に、最近、僕が世界史と日本史の共通点で面白さを感じたのは、『古事記』です。『古事記』は日本最古の歴史書であり、同じく奈良時代に成立した歴史書である『日本書紀』が年代順に記録されているのに対して、物語調で天皇家の歴史をまとめているところに特徴があります。

『古事記』と『日本書紀』のそうした違いの面白さもさることながら、『古事記』で描かれている物語が、ヒンドゥー教に近いという点にも興味がわきました。

たとえば、イザナギ、イザナミという2つの神が生み出した子どもに、アマテラス、ツクヨミ、スサノオという3つの神がいます。これらの神様は「三貴子」と呼ばれ、アマテラスは高天原《たかまがはら》、ツクヨミは夜の世界、スサノオは海原を統治することになります。

この3神は、ヒンドゥー教の三大神であるブラフマー、ヴィシュヌ、シヴァを思い起こさせます。それぞれ「創造、維持、破壊」の役割を担います。

「もしかしたら、『古事記』は、ギリシャ神話やヒンドゥー教、バラモン教の神話を取り入れて書かれたのではないか？」などと掘り下げて勉強してみると、「じつは、神話ってめちゃくちゃ面白いな」ということに気が付き、一時期、自分の中で「神話ブーム」が起きました。

また、世界史のあとに日本史を学んだら、次は、偉人伝を学んでみると、様々な角度から歴史を眺められ、さらに多くの発見ができるようになるのでオススメです。

「世界史➡日本史」の順に学ぶ２つのメリット

メリット 1

日本史の出来事を
世界史の視点から眺められるようになる！

世界史を学ぶことで、日本史に登場する「元寇」や「遣唐使」「日明貿易」などの出来事の理解をより深められるようになる。日本をより理解するためには、世界を知ることが大切。

メリット 2

日本史と世界史の中に
「共通点」を見つけ出せるようになる！

中国の始皇帝と豊臣秀吉や徳川家光の政策との類似など、日本史と世界史には、不思議に思うような共通点がたくさんある。共通点を見つけるのは、単純に楽しいし、出来事自体にもより興味が持てるようになる。

さらに、「世界史➡日本史➡偉人伝」という順に学んでみると、より様々な角度から歴史を眺められ、さらに多くの発見ができるようになる！

歴史の独学法 4

歴史の中から、自分なりの「法則」を見つける

「複数の出来事から共通点を見つけ出す」という視点は、じつは、きわめて学問的な態度でもあります。

「科学は、似ている現象を並べて、共通点を見つける行為から成り立っている」と聞いたことがあります。

たとえば、「ビルの上からブロックが落ちる」「机からペンが落ちる」「木からリンゴが落ちる」という3つの現象に共通するのは、「高いところにあるものが、低いところに向かって落ちる」ということです。

その共通点を追究すると、「どうやら、地面には物を引っ張る力があるらしい」との仮説が立てられます。結果として、ニュートンによる万有引力の発見のような業績が生まれるわけです。

ビジネスの分野において、たとえば、過去にヒットした商品を並べて共通点を見つけ出し、そこから新商品を開発する行為を「マーケティング」といいます。これも、一種の科学といえます。

歴史の出来事の中から自分が見つけた「共通点」は、もしかしたら、何らかの歴史の「法則」かもしれません。

もし仮に、自分が見つけた共通点が人類普遍の法則だったとしたら、今、目の前に起こっている問題を解決する大きな手がかりになる可能性だってあります。

仕事で問題に直面したとき、どのように考え、どう振る舞えばいいのか？

あるいは、自分が率いるプロジェクトがピンチに陥ったとき、どうやって立て直せばいいのか？

世界史と日本史の共通点だけでなく、世界史の出来事や日本史の出来事どうしの中からも、共通点が見つかるかもしれません。

自分で見つけ出した共通点は、自分にとって、かなり実用性が高い発見である可能性が高いと思います。

ぜひ、共通点を探すという視点で、日本史と世界史を学んでみてください。

歴史の独学法 5

「推しメン」をつくる

以前、テレビ番組『アメトーーク!』(テレビ朝日系列)の「勉強大好き芸人」の回に僕が出演したとき、「推しメン」をつくって歴史を勉強するという方法を紹介しました。

「推しメン」をつくるという勉強法は、今でも活用しています。僕のYouTubeチャンネルで配信している歴史や現代の「偉人伝」は、まさにこの「推しメン」をつくることから生まれているコンテンツです。

「推しメン」という言葉を聞いたことがない人に簡単に説明すると、好きなアイドルグループの中で、特に大好きなメンバーを一人つくる、ということです。

アイドルグループの中に「推しメン」ができると、その推しメンをもっと知りたいと思うようになって、自然といろいろ調べるようになります。

そして、推しメンを中心に、仲の良いメンバーや同期のメンバーへの理解も進み、結果的に、アイドルグループ全体の理解が深まっていきます。

この原理を歴史の勉強に応用するのです。

歴史の登場人物をひたすら無機的に覚えるのは苦痛ですし、それでは頭にまったく残りません。

そこで、**1つの時代の中で「この人が好きだ」という人をつくり、その人を中心としたストーリーで理解するようにします。**

推しメンは、坂本龍馬のような誰もが知るスーパースターでなくてもかまいません。むしろ、**スターの影にちょっと隠れているような人物を「推しメン」にする**のが、個人的にはオススメです。

徳川将軍の中でいうと、僕の推しメンは11代将軍の徳川家斉です。

「えっ？……家斉？」という反応をした人がほとんどではないでしょうか？

徳川将軍といえば、初代の家康や、3代将軍の家光、「生類憐みの令」で有名な5代将軍の綱吉、米将軍と呼ばれた8代将軍の吉宗、そして、徳川最後の将軍となった15代将軍の慶喜あたりが一般的には有名でしょう。

家斉は、一般的にはあまり知られていない将軍ですが、かなり特異なキャラクターです。政治的には松平定信によって寛政の改革が進められましたが、松平定信が退任すると、政治は緩み、幕府は少しずつ崩壊の道をたどるようになります。

家斉が何といっても面白いのは、側室が40人もいたとされていることです。

しかも、なんと50人以上もの子どもをもうけているのです。たしかに将軍にとって跡継ぎ問題はとても重要ですが、それにしても、どうかしています（笑）。

家斉は将軍職を退いたのちも、大御所と称して権力を保ち、長期にわたって浪費を繰り返しました。

推しメンである家斉を起点にすると、その時代の退廃的な化政文化などにも興味がわいてきます。推しメンをつくる効果は、なかなか侮れないものがあります。

僕にとって、源義経の家臣である武蔵坊弁慶なども推しメンの一人です。弁慶は、現在の京都の五条大橋で義経と出会い、義経の家来として活躍します。

弁慶の最期は、壮絶でした。義経を守ろうと多くの敵を相手に奮戦し、無数の矢を全身に受け、立ったまま絶命し、「弁慶の立往生」と後世に語り継がれたくらいです。侍が主君のために命を投げ出すという仁義のストーリーに熱いものを感じます。

弁慶が仕えた源義経は、鎌倉幕府をつくった源頼朝の弟です。日本人は、なぜか弟の義経のほうが好きで、兄の頼朝のファンだという人はあまり見かけません。この現象も、よく考えるとけっこう興味深いです。

じつは、頼朝がなぜ死んだのかは、よくわかっていないそうです。『吾妻鏡』という歴史書にも頼朝の死に関する記述がぽっかりと抜けているのです。

このように、推しメンである弁慶を起点にすると、義経、頼朝だけでなく、平家、北条氏などと、興味の対象がどんどん広がっていきます。そして、気付けば、鎌倉時代全体に詳しくなっているというわけです。

ちなみに、「推しメン」と正反対のコンセプトの歴史の勉強法もあります。

先に、日本史でも世界史でもよいので通史をざっと学びます。

その後に、「興味がわいた出来事」をピックアップして、その出来事に登場する人物の生涯を、**ドラマや漫画の「スピンオフストーリー」のように捉えて勉強してみる**のです。

人物を選ぶポイントは、「なんでこの人は、このとき、こんな行動をとったんだろう？」とか、「この人は、この出来事の後、どうなったんだろう？」などと思える人を

「推しメン」をつくると興味の幅が格段に広がる！

1 「推しメン」をつくる

「もっと知りたい」と思い、
自然と調べるようになる

「スター」の影に少し隠れて
いるような人物がオススメ

2 「推しメン」の周辺にも関心が向くようになる

「推しメン」の周辺の人物や
敵対する人物、文化、経済も
調べたくなる

**最終的に、「推しメン」が生きた「時代」全体に
興味が湧くようになる！**

ピックアップすることです。

あと、ドラマや漫画のスピンオフと同様に、ピックアップする人物は、主役ではなく、脇役がオススメです。

人物の生い立ちから勉強していき、その出来事にたどり着いたときには、「ついに、このときがきたーっ！」という感じで盛り上がれます。

あと、面白いのが、その人物の視点をとおして出来事をもう一度見てみると、最初に自分が捉えていた出来事の印象と、まったく違うように見えたりすることです。これが、まさにスピンオフの１つの醍醐味でもあります。

たとえば、日本史だったら、関ヶ原の合戦において、土壇場で西軍を裏切り、東軍に寝返った「裏切り者」の小早川秀秋などは、スピンオフストーリーとして追いかけてみると面白いかもしれません。

歴史の独学法 6

歴史には「昼ドラ」のような人間ドラマがある！

歴史上の人物にまつわる人間関係を調べてみると、ドロドロとした、まさに「昼ドラ」のような世界をたくさん見つけることができます。

そこで、**「裏切り」や「不倫」といった、生々しい人間ドラマに注目してみる**のがオススメです。歴史の勉強が、めちゃくちゃ面白くなります。

たとえば、中国の秦を治めた始皇帝の出生にまつわるエピソードが面白いんです。

始皇帝の父・子楚《しそ》は、秦の王位につく可能性も低く、他国へと人質に出されるような冷遇に甘んじていました。その子楚に目を付けたのが、呂不韋《りょふい》という商人です。

「あいつは絶対に伸びる！　今のうちに恩を売っておこう！」

呂不韋が何かにつけて子楚を可愛がる中、子楚は一人の女性に心を奪われます。その女性は、なんと呂不韋の奥さんである趙姫《ちょうき》。なんだか、もう昼ドラの始まりを予感させる展開です。

ここで呂不韋は、あっさり趙姫を子楚に譲ります。要は、奥さんよりも出世を選んだわけです。

じつは、このとき、趙姫はすでに身ごもっていました。お腹の中にいた子どもこそが、のちの秦の始皇帝といわれています。つまり、始皇帝はじつは呂不韋の実の子だった可能性が考えられるのです。

その後、接待上手の呂不韋は、まんまと子楚を王位に就けることに成功します。

ところが、この子楚、王位に就いてわずか3年で死去。後を継いだのが、13歳になっていたその子ども、政（始皇帝）だったのです。

呂不韋は思惑どおり、商人から丞相（総理大臣）の地位に上りつめます。この時点で、残されているのは呂不韋と、その元妻の趙姫と、子どもである始皇帝だけ。呂不韋と趙姫は通じ合い、ヨリを戻そうとします。

しかし、事情を知らない始皇帝にしてみれば、総理大臣と皇帝の母が結ばれることが許せません。ビビった呂不韋は、自分の代わりに嫪毐《ろうあい》というイケメンを送り込みます。趙姫と嫪毐の間には二人の子どもが生まれます。調子に乗った嫪毐は反乱を起こしますが、これを始皇帝は完膚なきまでに鎮圧します。

悪事がバレてしまった呂不韋は、左遷を繰り返され、ついには自害を図ります。

どうでしょうか？

かなりドロドロしていますよね？

「こんなドラマみたいな話があったんだ！」と、驚いた人も多いのではないでしょうか？

このように、歴史の登場人物の人間関係にスポットを当て、「人間ドラマ」を観るように学んでみると、途端に歴史の勉強の面白みが増すようになるのです。

歴史の独学法 7

偉大な人物の「しくじり」に注目！

教科書に載っている歴史上の人物は、一見、みな偉大な人物です。

でも、本当は、そんなことはまったくないはずです。

歴史上の人物も、幼少の頃にはお漏らしをしたり、些細なことで家族と喧嘩したり、セコいことをして周囲の人から嫌われたりと、何かしらの「しくじり体験」を持っているはずです。歴史上の人物である前に、我々と同じ一人の人間なのです。けっして、「パーフェクトヒューマン」なんかではないはずです。

そこで、**「結局、この人もダメなところいっぱいあってさ」というテレビ番組の『しくじり先生』を観るノリで、歴史上の人物の「しくじり」に注目してみると、歴史を面白く学べるようになります。**

たとえば、前に秦の始皇帝のエピソードを紹介しました。始皇帝は、政治的に様々な功績を残した人物です。

彼は、中国全土に郡県制を施行しました。これは、中央から役人を送って全国を治める制度です。また、法律、ルールで国を治めようとしたのも始皇帝が最初です。いかに、始皇帝が進んだ政治を行っていたかがわかります。

しかし、始皇帝は、急激に改革を進めたせいで、知識人から大きな反感を買い、様々な批判を受けていました。そういった知識人に対して、始皇帝が「怒りにまかせて」行ったのが焚書坑儒《ふんしょこうじゅ》です。焚書は儒家などの本を焼き捨てること、坑儒は儒家を穴に埋めて殺すことです。

現代では、さすがに焚書坑儒のようなことは起こらなくなっていますが、それでも「怒りにまかせて」とんでもないことをしでかしてしまうような事件は後を絶ちません。人は、思っているよりも簡単にしくじってしまう。間違ったことをしてしまうのです。

その事実を認めた上で、自分がしくじらないためにどうすればいいかを考える。それも、歴史を学ぶ1つの意味だと僕は考えています。

歴史の独学法 **8**

歴史上の人物に「キャッチコピー」を付けてみる

僕はYouTubeの授業動画の中で、歴史上の人物にキャッチコピーを付けて紹介することがあります。

たとえば、次のような具合です。

- **織田信長→バイオレンス&イノベーション**
- **豊臣秀吉→スピード&コミュニケーション**
- **徳川家康→パーフェクトコントロール**

キャッチコピーを付けると、人物の特徴が明確になりますし、また、親近感を持ちやすくなります。

僕が織田信長に「バイオレンス&イノベーション」というキャッチコピーを付けた理由を説明しましょう。僕は、信長という人物を象徴するような出来事として、次の3つに注目しました。

まず、「仏教弾圧」です。これはバイオレンスの要素ですね。鎌倉時代以降、仏教徒は勢力を拡大し、一向一揆を起こした一向宗のような武装集団が現れます。それを力でねじ伏せたのが、信長でした。信長は、多くの僧兵を抱えていた比叡山延暦寺の焼き討ちを行いました。

次に、「軍事改革」です。これは、イノベーションの要素ですね。信長は、新しい兵器である鉄砲を導入するとともに、専業兵士を雇用し、軍事力を強化しました。

3つ目が、「合理的人事」です。これもイノベーションです。信長は、成果主義の人事を徹底し、有能な部下を抜擢しました。

豊臣秀吉の「スピード&コントロール」たるゆえんは、次の3つです。

1つ目が「中国大返し」です。これはスピードの要素ですね。「本能寺の変」の直後、中国地方で毛利氏を攻めていた秀吉は、素早く講話をとりまとめて京に引き返し、「山崎の戦い」で明智光秀を討伐しました。信長後の権力争いを見据えた迅速な判断でした。

2つ目が「清洲会議」です。これはコントロールの要素ですね。信長の後継者を決める会議で、秀吉は根回しを行い、長男の息子（三法師）を後継者とすることで場をまとめました。

3つ目が「関白就任」です。これもコントロールの要素です。徳川家康を牽制する目的で朝廷に近づき、「関白」という天皇を補佐する重職につくという荒技で権威を手に入れます。

そして、徳川家康の「パーフェクトコントロール」については、以下の3要素から成ります。

1つ目が「監視配置」です。家康は、関ヶ原の戦い前後から新しく徳川にしたがった大名（外様大名）は遠くに配置し、その近くには幕府の直轄地をつくって外様大名の動向を監視しました。

2つ目が、「財力削減」です。参勤交代や普請役普請役（建築物の築造や土木工事の費用を徴収する仕組み）などにより武力による反乱を防ぎました。

3つ目が「武力削減」。「一国一城の令」により、居住する城以外のすべての城を破却させ、武力を削減させました。

いやあ、惚れ惚れするくらいの、まさに「パーフェクト」なコントロールですよね。

こういった要領で、歴史上の偉人にキャッチコピーを付けてみると、そのすごさが実際だって感じられるようになります。

僕は、もともと人を分析するのが好きなので、歴史上の人物だけでなく、身の回りの人にも、よくキャッチコピーを付けたりしています。

人物以外にも、たとえば、「入場料を少額でも取ることで、場の治安が劇的によくなる」という現象を、僕は「新宿御苑理論」と呼んだりしています。

キャッチコピー付けは、よいものが浮かぶと嬉しいですし、単純に楽しいのでオススメです。

大喜利をやるつもりで、「よし！ 坂本龍馬に面白いキャッチコピーを付けてみよう！」と思って色々と調べてみれば、いままで気付かなかった事実が見えてくるようになるかもしれません。

そうやって頭をひねってキャッチコピーを付けてみる過程で得た知識は、頭にも残りやすいので、いいことだらけです。

人物の特徴を表した「キャッチコピー」を付ける

織田信長

バイオレンス＆
イノベーション

豊臣秀吉

スピード＆
コミュニケーション

徳川家康

パーフェクト
コントロール

↓

「キャッチコピー」を付けると、
親近感を持ちやすくなる！

歴史の独学法 9

歴史上の人物を「キャラ付け」して理解する

ここまでご紹介してきた「昼ドラのように捉える」「キャッチコピーをつける」「しくじりに注目する」などのコツには、共通の効果があります。

それは、自分の中で歴史上の人物が自然と**「キャラ付け」されていく**のです。

古典や文学作品の名著のマンガ版がよく出版されています。マンガ版には、ビジュアル化することで読みやすくなるというメリットの他に、コミカライズすることで、**登場人物の「キャラ」がより際立って、明確にイメージしやすくなる**というメリットもあるのです。

歴史上の人物をコミカライズして「キャラ」を際立たせることで、その人物により親近感がわいて、その結果、歴史自体も身近に感じられるようになるのです。

YouTubeの授業動画で、歴史に限らず文学作品や偉人伝などでも、解説の合間に登場人物を頻繁に演じています。

これは、面白おかしく演じることで視聴者の方にエピソードを身近に感じてもらうためにやっているのです。

実際、僕は歴史を勉強するときや文学作品を読むときに、自分の頭の中で登場人物をコミカライズして、面白おかしく学んでいます。そのほうが、結果的に記憶に定着しやすいですし、なにより、勉強そのものが楽しくなります。

あるとき、コメント欄に「中田さんの解説は落語みたいですね」と書いてあるのを見て、「そうなの?」と思いました。

僕はあまり熱心に落語を見たことがなかったので、落語風に解説しようなどと意図していたわけではありませんでした。

けれども、「落語に似ている」と言われて改めて噺家さんの話し方を見ると、たしかに僕の動画は落語に通じるものがあります。

落語は、顔の向きを上下(かみしも)に分けながら、一人で物語を再現します。

最初にちょっとした雑談風のマクラを話してから、本題に入ると、人物になりきってセリフを言うだけでなく、間にセリフ以外の状況説明(ト書き)をはさみます。それをすべて一人でやりきるのです。

説明をしながら笑いをとるという意味では、僕は噺家さんと同じフィールドに立っているのかもしれません。僕も落語に近い形式で「第二次世界大戦」などを解説していました。教師のように淡々と出来事を説明するだけでなく、国を擬人化してセリフを言ったり、身振り手振りを加えて演じたりしています。

落語家のように解説しようと狙っていたわけではなかったのですが、結果的に面白い解説方法を模索していたら、落語風になった。改めて考えると、落語はかなり優れた表現方法だったことに気づかされました。

それまで、僕には古典落語の面白さがよくわかりませんでした。「どうしてみんなが知っている同じ話を何度もやるんだろう?」くらいにしか思っていなかったのです。まだ新作落語はわかるけれど、特に、古典落語の面白さが今ひとつ理解できませんでした。

でも、考えてみれば、僕がやっているのは、古典落語です。YouTubeで、僕は誰もが知っている太宰治の『人間失格』や夏目漱石の『こころ』といった古典作品を落語風に解説しているわけです。僕が「じゃあ、次は中島敦の『山月記』、その次は森鷗外の『舞姫』でもやろうか」と考えるのは、噺家さんが「次の高座では『芝浜』でもやろうか」という感覚に近いものがあります。

誰もが知っている作品を、自分ならではの表現方法でわかりやすく、面白く解説する。結果として「中田敦彦の解説は面白い」と言ってもらえたら、「志ん生の古典落語は面白い」といわれているような名誉なことだと思うのです。

同じテーマを扱っても、いかにも学校の先生風に教えられるのと、落語的に教えられるのとでは印象がまったく変わります。落語風に演じるからこそ「そういうことだったのか！」と理解してもらえることもあります。

だから、今後、もしかしたら僕みたいな落語風の解説をする人が増えていくかもしれません。顔の向きを上下にわけてアメリカやイギリスを演じながら解説をしてくれる学校の先生がいたら、なんだか楽しそうです。

歴史の独学法 10

覚えておくと便利な日本史の年号

歴史の授業動画の中で、僕は年号にほとんど言及していません。

それには、明確な理由があります。

歴史を勉強するときに、年号は重要ではないからです。前にもお話ししたとおり、歴史の勉強は、**「歴史の流れ」を理解することが一番重要**です。

また、もともと、僕自身が年号や人名を覚えるのが得意ではないこともあります。YouTubeの歴史動画でも、あえて年号や人名に言及して、後で「間違っています」と指摘されたこともあります。

ただ、覚えておいて損はない日本史の年号もあります。

日本史の年号は、じつは、たったの12個だけ覚えれば十分です。この12個の年号は、ちょうど次のような時代の区分と合致しています。

古墳、飛鳥、奈良、平安、鎌倉、室町、安土桃山、江戸、明治、大正、昭和、平成

なので、**節目の年号を覚えておくと、歴史上の出来事と年号をセットで目にしたときに、それが何時代なのかすぐに把握できる**というメリットがあるのです。

縄文、弥生時代に続く古墳時代、邪馬台国の卑弥呼《ひみこ》が中国の魏に使いを送り、「親魏《しんぎ》倭王《わおう》」と呼ばれたのが239年。これは**「卑弥呼にサンキュー（卑弥呼239）」**の語呂合わせで記憶できます。

飛鳥時代に聖徳太子が推古天皇の摂政になったのは593年。この年から飛鳥時代が始まります。**「こくみ（593）ん思いの聖徳太子」**と覚えましょう。

奈良時代の**「なんと（710）見事な平城京」**、平安時代の**「鳴くよ（794）うぐいす平安京」**。このあたりの年号は、多くの人になじみ深いものかもしれません。それぞれ奈良と京都に都が移された年です。

鎌倉時代の始まりは、鎌倉幕府が成立した1185年。**「いい箱（1185）つくろう鎌倉幕府」**と覚えます。本書の読者の方の中には、「いい国（1192）つくろう鎌倉幕府」で覚えた人もいるかもしれませんが、現在では、1185年が定説になって

います。

次は、**「いざ国（1392）まとめる南北朝」**。室町幕府3代将軍、足利義満の時代に南北朝がまとめられ、幕府の権力が固まりました。

その後、室町幕府15代将軍、足利義昭が織田信長に追われて室町幕府が滅びます。**「室町滅びて以後なみ（1573）だ」**。ここから安土桃山時代が始まります。

信長、秀吉、家康と来て、天下争いに終止符が打たれ、**「人群れ見（1603）上げる江戸幕府」**。江戸幕府が1603年に始まります。

以降、江戸幕府による政治が260年以上続きましたが、1867年に徳川慶喜が大政奉還をして、彼は最後の将軍となります。**「一夜むな（1867）しき大政奉還」**と覚えましょう。これが明治時代の幕開けとなった年です。

大正時代の代表的な出来事は第一次世界大戦ですから、**「征く意思（1914）固める第一次世界大戦」**と暗記します。

「いくさく（1939）るしい第二次世界大戦」。昭和の前期はまさに戦争一色の時代でした。そして最後は**「いくばく（1989）かの希望を持って平成時代」**。これで計12個の年号が出てきました。

この12個の年号を覚えておくと、**世界史の出来事と対応させたときにも、時代をつかみやすくなります。**

たとえば、「1492年にコロンブスがアメリカ大陸を発見したとき、日本は何時代だったのか？」と考えるとき、「えーと、1392と1572の間だから、室町時代だったのか」などとわかります。

大まかに「何時代か」を知っておくと、歴史上の出来事が理解しやすくなります。

逆にいえば、これ以上細かい日本史の年号は、大人の学び直しとしての歴史の勉強には必要ないと思います。

日本史の時代区分に対応した12の年号

時代区分		年代	出来事
1	古墳	239年	邪馬台国の卑弥呼が中国の魏に使いを送り、「親魏倭王」と呼ばれる
2	飛鳥	593年	聖徳太子が推古天皇の摂政になる
3	奈良	710年	平城京に遷都
4	平安	794年	平安京に遷都
5	鎌倉	1185年	鎌倉幕府成立
6	室町	1392年	室町幕府3代将軍足利義満の時代に南北朝がまとめられ、幕府の権力が固まる
7	安土桃山	1573年	室町幕府15代将軍足利義昭が織田信長に追われて室町幕府が滅びる
8	江戸	1603年	江戸幕府が始まる
9	明治	1867年	大政奉還
10	大正	1914年	第一次世界大戦の勃発
11	昭和	1939年	第二次世界大戦の勃発
12	平成	1989年	平成時代の始まり

**日本史の12の時代区分に対応した年号を覚えておくと、
他の年号が出たときに、
すぐに何時代の出来事かがわかるようになる**

歴史の独学法 11

「トリビア」に注目してみる

歴史を勉強していると、面白い「雑学ネタ」を発見することがよくあります。

雑学の知識は、ためになるというほどではなくても、友人や同僚とのちょっとした雑談に使えます。**知って楽しむ、話して楽しむという点で、二度の美味しさを味わえる**わけです。

たとえば、「銀行」という言葉をつくり、大蔵省時代には新貨幣「円」の誕生にも立ち会った、「日本資本主義の父」渋沢栄一が、どうして今までお札の顔にならなかったのか？

調べてみると、意外な事実がわかります。

じつは、これまでも渋沢栄一はお札の顔の候補として何度も挙げられる機会があったといいます。でもならなかった。

冗談のようですが、「ひげのない顔だったから」という説があります。というのも、昔のお札の印刷技術は現在ほど高度なものではなかったため、偽造防止のために、ひげを蓄えた人物をお札の顔に選んでいた、というのです。ひげのある顔は描写が細かく、印刷物として再現しにくかったわけです。

あくまで、1つの説です。でも、新1万円札が使われるようになったら、人に話してみたくなりませんか？

今度は、世界史に目を向けてみましょう。

中国・秦の始皇帝は、とてつもなく巨大な「阿房宮《あぼうきゅう》」という宮殿をつくりました。この阿房宮、二階建てで2万人を収容するすさまじい建物であり、じつに70万人の罪人を使って完成させたとされています。

始皇帝は「阿房宮」を建設している間に命を落とし、その後、趙高という宦官が自らの息がかかった胡亥《こがい》を二世皇帝に擁立します。

阿房宮の外では、始皇帝の死を知った勢力による反乱が起きつつありましたが、二世皇帝にはその騒ぎは知らされていませんでした。

趙高は、反乱に動揺する宮中の忠誠心を試すため、あるとき胡亥のもとに鹿を献上して「馬でございます」と言いました。

そのとき、側近たちの反応は「それは鹿ですよ」と反論する者、「それは馬です」と従う者に分かれました。その反応を見て、趙高は前者の側近を次々に処刑していったというのです。そこから、愚かな行為を意味する「馬鹿」という言葉が生まれたと言われています。

やがて阿房宮は、攻め込んできた項羽軍に火を放たれ3か月にわたって燃え続けました。阿房宮は国が滅びる原因となったことから「阿呆」という言葉の語源と言われています。つまり、僕たちが日常的に使っている「馬鹿」「阿呆」という言葉は、始皇帝とその後の失政がルーツということになるのです。

他にも、モンゴル帝国の礎を築いた英雄チンギス・ハンにもちょっとしたトリビアがあります。

チンギス・ハンは、日本人にはなじみの薄い人ですが、じつは世界史を代表するレベルの英雄です。

幼少期に父親を殺されたチンギス・ハンは、数々の戦いに勝ち抜き、モンゴル帝国を成立させます。モンゴル帝国成立後も、周囲の国を次々と打ち砕き、大帝国を不動のものにします。

ただ、後継者争いでは難問を抱えていました。彼には4人の息子がいて、「長男のジュチは優秀でありながらじつはチンギス＝ハンの実子ではない」という噂がありました。妻が敵にさらわれ、帰ってきたときにお腹が大きくなっていたという事実があったからです。

次男のチャガタイには人望がなかったものの、自分が長子であることを自負していました。

長男と次男をめぐって後継者の選定に悩み続けたチンギス・ハンは、次男の進言を受け入れ、ジュチを攻めさせるのですが、結局、ジュチは病死し、後で実子だったことも判明します。なんとも、ドラマチックなストーリーですよね。

このチンギス・ハンの授業動画を僕のYouTubeチャンネルで公開した後、コメント欄に次のような感想を発見しました。

「これって、『華麗なる一族』とストーリーが一緒ですね」

『華麗なる一族』とは、山崎豊子さん原作の小説で、2007年に木村拓哉さん主演でテレビドラマ化（TBS系）もされた人気作品です。

このドラマの中で、木村さんは優秀でありながら、「自分が父の実子ではないかもしれない」と疑心暗鬼になり、追い詰められる役柄を演じています。まさに、チンギス・ハン親子のストーリーそのままです。

ちなみに、チンギス・ハンは、鉄の製造というイノベーションを成し遂げました。『華麗なる一族』の中でも、長男（木村さん）は製鋼所の専務を任されるという設定で描かれています。奇しくも、「鉄」という要素がしっかりリンクしています。

歴史の独学法 12

人の「葛藤」や「苦悩」に注目する

「この人物は、どのような性格だったのか？」

「このとき、この人は、どのように考えていたのか？」

この2つの問いは、歴史を学ぶときに僕が強く意識していることです。

というのも、**人間は、なんだかんだいって、人間のことが一番好き**なのです。

人間は、基本的にいつも人間のことばかり考えています。

恋愛やエロも、言ってしまえば人間に対する興味の表れですし、競争も人間が相手です。「SNSで高評価を受けたい」「フォロワー数を増やしたい」と思うのも、要は人から褒められ、認められたいという欲求があるからです。

人間は、人間に対する興味が最も大きい。であれば、**後世まで語り継がれるような「普通ではない」人生を送った人間たちの記録である歴史は、絶対に面白い**はずです。

なので、**歴史を学ぶときには、「事柄」にフォーカスせずに、「人間」に焦点を当てるようにする**のです。

たとえば、日本史には「墾田永年私財法」という法令が出てきます。なんとなく響きがいい単語なので、「教科書で見た覚えはあるけど、内容はよくわからない」という人が多いかもしれません。

「墾田永年私財法」は、奈良時代に聖武天皇によって発布されました。簡単にいうと、一定の条件付きで、新たに開墾した土地を永久に農民のものにできるという法令です。

とはいっても、制度の仕組みだけ聞かされても、何も面白さは感じません。学校の授業で一度習っても、すぐに忘れてしまうことになるのは、現代の日常生活には関係ないものですし、単純に面白くないからです。

では、「人間」を起点に、この「墾田永年私財法」を学び直してみましょう。

中大兄皇子（天智天皇）は、「大化の改新」という政治改革を行い、公地公民制による中央集権国家建設を目指しました。公地公民制とは、すべての土地と人民は公（天皇）のものとする制度です。

これは、たとえると、「ワンルームマンションに住まわせてあげるから、毎月25万円の家賃を払え」といっているようなもの。住人の負担が大きすぎます。

住民は、「25万はキツいなあ！」といわんばかりに、マンションから逃げ出します。

結果、マンションはガラ空き状態。つまり、公地公民制は失敗したのです。

そこで、当時の権力者は、「もうちょっと住民のしばりを緩くしよう」と妥協します。

そこで生まれたのが、「三世一身法」という法令です。これは、要するに「自分で土地を開墾したら、孫の代まで自分の土地にしていいよ。孫の代になったら返してね」という制度です。

けれども、結果はやはり失敗でした。

なぜかというと、三世代目の農民が、「どうせ俺たちの代で土地を奪われるのだから、土地なんか守っても無意味！」と、みんな逃げ出してしまったからです。

そこで、権力者は再び頭を悩ませます。

「しばりを少し緩くしてもうまくいかなかった。ええい！　腹立たしいけど、こうなったら、農民たちが開墾した土地は、農民たちのものとして認めるしかない！」

こうして生まれたのが、墾田永年私財法です。

つまり、墾田永年私財法は、「中央集権を目指した天皇たちの挫折のストーリー」だったのです。

このように、制度を決めたときのトップの思惑や葛藤に注目すると、とたんに話が生き生きしてくるように思いませんか？

歴史上の出来事を読み解くときには、当事者の立場に立って、

「そのとき、どんな気持ちだったのか？」

「そのとき、どんなことを考えていたのか？」

という2つの視点で考えてみると、格段に理解しやすくなり、そのうえ、楽しく学ぶことができるのです。

「出来事」ではなく「人間」に焦点を当てる

× 「出来事」の内容を理解しようとする

◎ 「人間」に焦点を当てながら「出来事」をストーリーで理解する

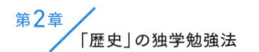

歴史の独学法 13

「カルチャー」に焦点を当てる

歴史は、貴族や武士などの権力者に目がいきがちです。

でも、彼らが繰り広げる**権力争い以外に、カルチャー（文化）にも面白い学びがたくさんあります。**

そのよい例が、日本の鎌倉時代です。

鎌倉時代は、他の時代と比較すると安定した時代でした。それゆえに、カルチャーが大きく発展しました。

「武士や貴族の争い」という点では、鎌倉時代は退屈に見えがちです。ところが、カルチャーに目を向けると、急に鎌倉時代が面白くなります。

特に、「法然」「親鸞」「一遍」「日蓮」「栄西」「道元」の6人が面白い。僕は、この6人を「ＮＥＷ仏教ＳＩＸ」と呼んでいます。

仏教が限られた修行者だけのものになっていった鎌倉時代に、一般の人たちに手を差し伸べて救おうとしたのが彼らなのです。

学校の授業では、「法然＝浄土宗」「親鸞＝浄土真宗」という具合に、宗祖と宗旨を機械的に結びつけて暗記させられて終わりです。こんな「作業」的な勉強では、まったく面白くありませんし、すぐに忘れてしまいます。

むしろ、**「この6人が何を考え、何を目指していたのか？」を知るほうが、はるかに「ためになる」学びになります。**

僕なりに「ＮＥＷ仏教ＳＩＸ」の教えをざっくりと表現すると、「厳しい修行をしなくても大丈夫」ということになります。言い換えれば、「仏教をもっと庶民に身近なものにして、庶民を救おう」としたのです。

では、この6人には、それぞれどんな「違い」があるのか？

「法然」「親鸞」「一遍」「日蓮」の4人は、「念仏や題目を唱えれば救われる」と主張しました。

「阿弥陀様にお願いすれば救われますよ」といったのが、法然です。

法然の弟子だった親鸞は「何回も唱えなくていい。1回唱えれば大丈夫です」と教えました。

一遍は「踊念仏」という踊りながら念仏を唱えるという所作を普及させました。

日蓮は「南無妙法蓮華経という題目さえ唱えればいい」と教えると同時に、他の宗旨の悪口をいいまくったところに特徴があります。

残りの「栄西」「道元」の二人は、念仏ではなくて座禅を重視しました。

栄西は、座禅と禅問答を勧めたのに対して、道元は座禅のみを勧めました。

このように、6人の教えやキャラクターを調べていき、なぜこのような違いが生まれたのか、と掘り下げて勉強してみると、鎌倉時代がとても面白い時代であると感じられるようになるはずです。

歴史の独学法 14

「乱世」よりも「平和な時代」が面白い！

前にもお話ししたとおり、大人向けの歴史本では、権力者たちの「戦の戦術や駆け引き」にスポットが当たりがちです。

戦争や争いに目が向くのは、理解できます。けれど、人間にとって重要なのは、けっして争いに勝つことだけではないはずです。

「いかに幸せな世の中をつくることができるか？」という視点も、とても大切だと思うのです。

「戦争に強くて策略に長けている人」よりも、僕は、「国を上手に長く治めている人」つまり、「平和な世の中をつくった人」のほうにより関心があります。

大人の学び直しとしての歴史においては、乱世よりも、平和な時代のほうが学びは多いと思います。

「平和な時代に学ぶ」といって真っ先に思いつくのは、何といっても徳川幕府の治世です。

徳川家康は、管理する能力に卓越した人物でした。前にご紹介したとおり、まさに、「パーフェクトコントロール」です。

徳川家康、そして徳川家のパーフェクトコントロールがわかると、国をよりよく治める、あるいは会社やチームをよりよく経営したり運営したりすることの本質が理解できるようになります。

江戸時代の幕府の統治のあり方は、大きく次の5つに分かれます。

1. **武断政治**
2. **文治政治**
3. **享保の改革**
4. **大御所時代**
5. **大政奉還**

江戸幕府初代将軍の家康から3代将軍家光までの政治は、武断政治と呼ばれます。簡単にいうと、強い力で締め上げて全国の大名を支配しようとする政治です。

武断政治は武士と農民の両方をコントロールする政治でした。たとえば、外様大名を遠隔地に追いやり、参勤交代制度や普請役などによって各藩の財力を削減させ、また一国一城の令により武力を削減させることで反乱の芽を摘みました。まさに「生かさず殺さず」の絶妙なコントロールです。

同様に、農民も土地売買禁止、分割相続禁止によって、農民の中から極度に財を持つ勢力が現れないようにしました。なおかつ、「五人組」という密告制度を導入して、相互監視をさせています。

ただ、こうした厳しい政治は歪みを生み、「由井正雪の乱」などの反乱が起きてしまいました。その反動もあり、4～7代将軍までは文治政治という、比較的緩やかな支配体制をとります。ここで新井白石などを中心に儒学が取り入れられます。儒学は権力の維持に都合のよい学問だったのです。

さて、そうこうするうちに国全体の財政は疲弊していきます。8代将軍吉宗を中心とした享保の改革などで、徳川家の権威復興と財政再建が図られます。8～10代頃までは、揺り戻しによって、再び締め上げ型の政治が行われたわけです。

その後、11代から12代くらいまでを大御所時代といい、また緩やかな支配へと転換します。この時代、11代将軍徳川家斉などの浪費家が出るにいたって、いよいよ幕府の土台は傾いていきます。そして、ペリーが来航して開国を迫るなど、様々な情勢の変化が押し寄せた結果、ついに15代将軍慶喜の大政奉還へとつながっていくのです。

このように「タイト」と「ルーズ」の支配が交代で繰り返され、江戸幕府は終焉へと近づいていきます。その中でも、やはり決定的なのは1．武断政治で発揮された「パーフェクトコントロール」。これが、江戸時代が長続きした最大の理由だといえます。

この時代に取られた政策を改めて見ると、恐ろしさを感じるくらいの「パーフェクトコントロール」です。現代の日本にも、こういう仕組みで社員を〝生かさず殺さず〟働かせている企業があるのではないだろうか、と勘繰ってしまうくらいです。

会社を経営する人には、ある程度社員を束ねるリーダーシップが要求されます。

しかし、それも厳しすぎると社員は疲弊し、組織は崩壊へと向かいます。

そんなことを徳川幕府の歴史が僕たちに教えてくれるのです。

歴史の独学法 15

「過去」と「現在」の意外な接点を探す

僕たちもよく知る現代の企業と、歴史上の人物には、〝意外〟なつながりがあったりします。

たとえば、坂本龍馬とソフトバンクです。

坂本龍馬は、敵対していた長州藩と薩摩藩を倒幕のために結びつける役割（薩長同盟）を果たした人物……と、ひと言で表すと簡単そうですが、犬猿の仲と言われていた両者を単純に仲良くさせるのは難題でした。

そこで、「両者のビジネスをうまくいかせるにはどうすればいいか？」という発想に切り替えます。そこで設立したのが、海運会社の亀山社中です。

亀山社中は、長州と薩摩両者の利益になるビジネスを行うための組織でした。

長州は、幕府と戦うために西洋式の武器を手に入れる必要がありましたが、幕府の厳しい監視もあり、武器の購入ができない状態にありました。

一方で、薩摩藩は海外から武器を購入・販売し、利益をあげていました。

龍馬は、薩摩藩の名義で武器を買わせて、それを長州に売ることで、両者に利益がもたらされると考えました。経済的な結びつきを通じて、薩長同盟を実現させたわけです。

のちに亀山社中は「海援隊」と改称されました。海援隊は、龍馬の死後、明治の世を迎えて解散させられます。海援隊のメンバーは九十九商会という組織をつくり、それが土佐商会へと移行し、三菱商会へと発展します。

僕たちが今日よく知っている三菱は、意外にも土佐の流れを汲んでいたのです。その証拠に、三菱のロゴでおなじみのスリーダイヤモンドは、土佐山内家の「三ツ柏」という家紋と、三菱商会を興した岩崎弥太郎の岩崎家の家紋「三階菱」を合わせたものです。

龍馬がつくった会社が、今も存在する大企業の三菱に継承されていると思うと、面白く感じられませんか？

それだけでなく、海援隊のイズムも今に継承されています。海援隊のマークは赤色の二本線。よく見ると、ソフトバンクのマークを思い起こさせます。

ソフトバンクの創業者である孫正義さんは、中学生のとき司馬遼太郎の『竜馬がゆく』に熱中し、龍馬という人物のスケールの大きさに感銘を受けたというエピソードが伝わっています。

高校生になった孫さんは、のちに日本マクドナルドの創業者となる藤田田氏に何の伝もなく会いに行き、アメリカでコンピュータを学ぶことを勧められます。龍馬が当時の知識人に会いに行き、先進的な考えを吸収した姿とよく似ています。

ところで、ソフトバンクのロゴは白と銀です。これはアップルのコーポレートカラーです。

のちにソフトバンクがアップルのiPhone独占販売に成功しているように、アップルを強く意識していたことがうかがえます。

つまり、ソフトバンクのロゴマークは海援隊+アップル。孫さんが最先端のアップルと坂本龍馬のイズムの継承を意図していたというのは面白い発見です。

現代にも、坂本龍馬のイズムは続いているのです。

現代と歴史的偉人のつながりについて、もう一例紹介します。

僕たちがよく知る、東京ガス、ＫＤＤＩ、キリンビール、サッポロビール、帝国ホテル、東急電鉄、これらすべての企業の創設に関わっている歴史上の人物がいます。そんなスーパーマンみたいな人が本当にいるのか、と疑いたくなりますよね。

その人物とは、２０２４年から登場する新１万円札の顔として、注目を集めている渋沢栄一です。

渋沢栄一は、縁あって一橋慶喜に仕えるようになり、パリ万博の使節団の一員として渡欧します。

このときの見聞をもとに、彼は株式会社である「商法会所」を設立し、日本に初めて資本主義を導入することになります。

大蔵省を33歳で辞めてから、渋沢栄一は76歳で実業家を引退するまで、じつに５００以上の企業設立に関わりました。

その一社が第一国立銀行。現在、僕たちが街中で目にしている「みずほ銀行」につながっています。そもそも、英語の「ＢＡＮＫ」を「銀行」と訳したのは渋沢栄一だという説もあるようです。

渋沢栄一は、王子製紙も手がけています。なぜ製紙会社だったのかというと、日本の教育を振興するためには本（紙）が必要だと考えたからです。

そして、先ほど挙げた東京ガスやＫＤＤＩなど、挙げていけばキリがないほど多くの企業の創設にかかわったのです。

しかも、彼は、企業をつくるだけでなく数多くの大学設立にも尽力しました。

さらに、社会事業にも多大な貢献をしています。日本赤十字社の設立に関わり、聖路加国際病院の初代理事長になるなど、生涯に約６００の社会事業に貢献しています。

渋沢栄一は、「道徳」と利益を求める「経済」を両立させた「道徳経済合一説」を唱えました。

要するに「自分だけ儲ければよい」というのではなく、他社に貢献し、広く社会に利益をもたらすことを重視したのです。その思想は『論語と算盤』というタイトルの著書にもよく表れています。

日本には、伝統的に「三方よし」という近江商人の商訓があります。「売り手、買い手、社会に利益をもたらすのが理想的な商売である」とする哲学です。

これは、現在にも通用する考え方であり、現に２０１９年に大阪で開催されたG20サミットでは、閣僚声明の中で「三方よし」の理念の重要性に留意することが盛り込まれています。

「三方よし」や『論語と算盤』のように、利他を意識した思想は古くて新しい経済思想であり、これからもっと再評価されるに違いありません。

渋沢栄一の生涯を学ぶことは、僕たちがこれからの時代で「稼ぐ」ことを模索していくときに、大きなヒントを与えてくれます。

歴史の独学法 16

「古典作品」をビジネス書や自己啓発書として読む

歴史に残る古典作品の中には、現代のビジネス書をしのぐほどのビジネスの知恵がつまっている作品があります。

たとえば、『風姿花伝』はそんな優れた古典の1つです。

室町時代に、観阿弥と世阿弥という親子の能楽師がいました。

彼らは能を大成した人物として有名であり、世阿弥が観阿弥の教えをもとに、能の修行法や演技論などをまとめたのが『風姿花伝』です。

『風姿花伝』は、もともと世の中に向けて出版した書物ではなく、弟子に向けられた芸事の秘伝書です。明治時代の終わりに吉田東伍という人が学会に発表するまで、世に取り上げる人はほとんどいなかったようです。

『風姿花伝』には、広く芸事に取り組む人という意味での「パフォーマー」に普遍的に当てはまることがたくさん書かれています。

僕は、『風姿花伝』をウッチャンナンチャンの南原清隆さんから「面白いから読んでみなよ！」と勧められて読みました。

『風姿花伝』は、「芸能とは何か？」という問題に触れています。

たとえば、「若いときには花があるので、実力がある人よりも人気が出て売れることがある」という趣旨のことを世阿弥は語っています。同時に、「30歳くらいまでに目が出なかったら、芸能の世界で世に出ることはできない」とも言っています。

時間が経つと、花は枯れて落ちます。「若い」という理由で人気になった人は、時間が経てば人気がなくなるというわけです。

実力をつけてもう一度売れる人もいますが、その実力は年齢とともに衰えていきます。さらに、後から次々と実力者も世に出てきます。そうなったときに、後輩を育てる側に回ることで、その人はもう少し芸能人生を長らえることができるというのです。

読んでいて、僕はドキッとしました。まるで自分自身のことが書かれているような気がしたからです。

僕は若くしてお笑い芸人としてブレイクできましたが、そこから数年でレギュラー番組のほとんどを失いました。

その後、再ブレイクして紅白歌合戦などにも出場し、今では、ファッションブランドの経営をしたり、教育系YouTuberとして活動したりもしています。

もちろん、これは僕以外にもあらゆる業界に共通することだと思います。

たとえば、入社したての社員が、新鮮な発想でヒット商品を生み出すことがあります。しかし、その新入社員はいつまでもヒットを出せるわけではなく、やがて挫折を経験する。そして、コツコツと実力をつけて、もう一度ヒット企画を当てる時期がやってくる。でも、その栄光の日々も長く続くわけではなく、やがて年齢の衰えとともに実力も下降していく。そうやって後進に道を譲りながら、時代は移り変わっていくのです。

昔の人が語る真理に耳を傾けると、「今、自分は何をすべきか？」「将来的に何を目指せばいいのか？」のヒントが見つかります。

「昔の人の言葉なんか、現代を生きる自分に関係ない」と思わずに、昔の人から生き方を学ぶスタンスも大切なのです。

歴史の独学法 17

歴史を「人間の成功と失敗の記録」と捉える

「勉強なんて、人生で何の役に立つんだ！」

こんなふうに学生時代にグチっていた人は多いのではないでしょうか？

でも、じつは、歴史の勉強は自分の人生にめちゃくちゃ役立ちます。

「歴史の勉強が自分の人生に役立つか否か？」は、自分の歴史の「捉え方」で決まります。

前に、推しメンをつくったり、キャッチコピーをつけたりする勉強法を紹介して、歴史に親近感を持つことが大事、という話をしました。

親近感を持てるようになると、どうなるか？

次第に、**歴史に対して「当事者意識」が持てるようになります。**

ここまで、いろいろな歴史の勉強法を紹介してきましたが、歴史の勉強がめちゃくちゃちゃ面白くなるもっとも重要なポイントは、じつは歴史に対して「当事者意識」を持つことなのです。

僕のYouTubeの授業動画にすべて目を通してもらえると、僕が「めちゃくちゃ面白い」と言っている箇所は、すべて**「僕たちひとりひとりの人生、ひいては、僕たちが今生きる世の中を考える上で、めちゃくちゃ参考になる話だから」**という理由であることがわかると思います。

以前、YouTubeの授業動画の終わりにこんなことを言ったことがあります。

「歴史、面白いでしょ？　何が一番面白いって、その歴史が今につながっていて、今の俺たちも歴史の中にいるってことなんだよね。だから、ニュースを見る目も変わるでしょ。いやあ、面白い！」

僕が伝えたいことは、これに尽きます。

「現代社会」という「現在」の話は当事者意識を持ちやすいと思いますが、「歴史」という「過去」の話もまったく同じです。

当事者意識を持てるようになると、「歴史は人間の成功と失敗の記録」と捉えられるようになります。

歴史の中では、無数の成功と失敗が繰り返されています。

「なぜ、成功できたのか？」

「なぜ、失敗してしまったのか？」

このような問いを立てることで、歴史は「自分の人生にめちゃくちゃ役立つ」学問になるのです。

歴史の独学法 18

傑出した人物の「イノベーション」から学ぶ

歴史を「失敗の記録」と捉える視点については、「しくじり」の項目でお話ししたとおりです。

「成功の記録」については、「成功」の1つの例として、前述のように「イノベーション」に注目してみることがあります。

歴史に名を刻む偉人の多くが、なんらかのイノベーションを起こしています。

イノベーションの内容そのものは現代人の参考になりませんが、**「なぜ、イノベーションを起こせたのか?」という根本的な「発想」を掘り下げてみる**のです。

たとえば、日本史に登場する代表的なイノベーターは、織田信長です。

もっとも、信長のイノベーションには暴力的な要素が伴っているので、僕は信長に「バイオレンス&イノベーション」というキャッチコピーを付けています。

信長が起こした代表的なイノベーションを改めて振り返ってみましょう。

まずは、軍事改革です。

信長は、それまでの騎馬中心の戦術から、鉄砲という新兵器を導入し、戦いのあり方を根本的に変えました。特に「長篠の戦い」で鉄砲三段打ちの戦術を編み出したエピソードが有名です。このエピソードは後世の創作とも言われていますが、いずれにしても鉄砲をいち早く導入したのは間違いないでしょう。

また、当時は自国の領地内の農民を兼業兵士にする方式が一般的でしたが、この方式では農繁期に戦がしにくいという問題点がありました。そこで信長は、専業兵士を雇用し、軍事力を強化したのです。

また、合理的な人事を行ったところにも、信長の新しさがありました。

信長は、過去のしがらみにとらわれず、成果主義の人事を導入しました。古参の武将だからといって優遇せず、有能な部下を積極的に取り立てています。豊臣秀吉や明智光秀も、実力が認められて抜擢された「中途入社組」でした。

「なぜ、このようなイノベーションを起こせたのか？」という視点で信長の生い立ちから勉強してみると、これまで気付かなかった様々な発見があると思います。特に、会社の経営者や、何らかの組織やチームのリーダーも、反面教師の部分も含め、信長から学べることはたくさんあると思います。

「イノベーター・信長」の真実に迫るヒントになるのが、信長が若い頃から周囲に「うつけもの（大馬鹿者）」と陰口を叩かれていたことです。はたして、信長は突然変異の「奇人変人」だったのか、それとも、天才・織田信長に影響を与えた人物や出来事があったのか。興味を持った方は、ぜひ信長を掘り下げてみてください。

ただ、信長の生涯については、彼の最大の特徴であるバイオレンスが災いします。信長の下で働くのは、多くの武将にとって恐怖を強いられる機会の連続だったのでしょう。明智光秀の謀反により、信長は「本能寺の変」であえなく天下統一の夢を断たれてしまうのです。皮肉なのは、光秀が比較的新参の部下だったことです。彼は、まさに信長の合理的人事によって出世を果たした人物でした。

信長の飛躍と挫折のストーリーには、イノベーションの光と影が暗示されているようで、興味は尽きません。

世界史からは、僕が織田信長と少し似ていると感じる「イノベーター」として、チンギス・ハンを取り上げたいと思います。

チンギス・ハンは、ほぼ一人の力で世界史上まれにみる広大な領土を獲得した英雄中の英雄です。

彼のストーリーを辿っていくと、ただただ異民族や他国の制圧が繰り返されているだけ。まったくと言っていいほど抑揚がありません。

では、なぜ、チンギス・ハンは圧倒的な成功をおさめることができたのか?

彼は、「騎馬」と「王国」という2つの要素を合わせるというイノベーションを実現しています。馬を使って生活する遊牧民族の個性と、絶対王政を合体させた初めての人物だったのです。

それまで、各部族がバラバラに遊牧生活を営み、血のつながりをもとに統制されていたのですが、彼は宗教や血統にかかわらず優秀な人物を登用し、軍隊を組織化し、巨大な王国をつくり上げることに成功しました。

さらに、一人の兵士に50頭以上もの馬を与え、機動力を最大限に生かしました。馬に乗りながら弓を引くことができる優秀な騎馬隊を抱え、数々の戦いで勝利をおさめます。

兵士が1頭の馬に乗って戦い、馬が疲れたら別の馬に乗り換えて戦闘を続ける。なんだか、織田信長が鉄炮の三段構えで、戦闘力を高めたエピソードを思い起こさせます。人事のあり方などについても、チンギス・ハンと信長の感性には似通ったものを感じます。また、「駅伝制」によって素早い連絡系統と交易ルートをつくるなど、様々なイノベーションで国をおさめています。

ところが、栄華を誇ったモンゴル帝国は、銃という武器の出現によって衰退の道を歩むことになります。馬というかつてのイノベーションを、銃という新たなイノベーションが打ち破る様は、長篠の戦いで武田勝頼の騎馬隊を攻略した織田信長のエピソードを連想させます。

歴史の独学法 19

「センシティブな現代史」にも向き合う

「現代史を学校であまり教わった記憶がない」

こういう人がけっこう多いようです。

僕自身も、学生時代、「なぜ、先生は現代史を教えてくれないのだろう？」と疑問に思っていました。

公立高校教師YouTuberとして活躍するムンディ先生によると、現代史は教科書の最後のほうに登場するため、「時間切れ」になって、カットしたり駆け足でザッと解説したり、ということが現場ではよくあるそうです。

そういった現場の「事情」もあると思いますし、他にも、自分で現代史を学び直してみて、現代史に触れるのを躊躇している先生も中にはいるのではないかと思うようになりました。なぜなら、現代史で扱う出来事があまりにも「センシティブ」だからです。

たとえば、日本史の戦国時代の桶狭間の戦いであれば、「本当はこうだった」「いや、そうじゃなくてこうだ」という議論は、いわば研究者同士の「建設的」な「冷静」な討論です。

これに対して、現代史を議論するときの「温度感」はまったく別物です。

現代史で起きた1つの戦争について「この戦争は、本当はこういう理由で起きたんだ」「悪いのはこっちだ」「いや、その考えは間違っている」という議論は、しばしばヒートアップしがちです。

そんな中で、1つの見解を述べるのは、自分の身を激しい批判にさらすリスクを背負うことになります。学校の先生が、現代史を教えるのに尻込みするのも無理はありません。

でも、**いろいろな見解があるのを踏まえた上で、現代史の出来事を知っておくことはやはり重要**だと僕は思います。

YouTubeの授業動画で現代史を扱うにあたって、僕も慎重に解説したつもりです。

それでも、日韓の問題を扱った動画ではコメント欄が炎上しました。

現代史を学ぶにあたっては、いろいろな見解に触れながら、できるだけバランスよく学ぶのがベストです。

現代史を学ぶときは、その内容を踏まえて、「では、僕たちはどう考えるのか？」と発展させていくのがポイントです。

僕が歴史を学ぶ上でのスタンスは「この国は絶対的にいい国だ」「絶対的に悪い国だ」と捉えないようにすることです。なぜなら、周囲の国との力関係や時代背景によって、国が選ぶ選択肢は変わっていくものだからです。

つねに「いい国」であり続けるのは不可能ですし、反対に、つねに悪い国というのもめったに存在しないのではないでしょうか。

だから、現代史は、自分と違う見解の人を否定するために学ぶのではなく、理解するために、また、自分の国が正しい選択をしているかをよく考えるために勉強するのがよいと思います。

特別対談

「歴史」の勉強に革命を起こせ!

中田敦彦 × 公立高校教師YouTuber ムンディ先生

Profile

ムンディ先生

本名は、山﨑圭一。福岡県立高校教諭。1975年、福岡県太宰府市生まれ。早稲田大学教育学部卒業後、埼玉県立高校教諭を経て現職。YouTubeチャンネル「Historia Mundi」で、高校の社会科目の授業動画を500本以上公開している。初著書『一度読んだら絶対に忘れない世界史の教科書』は16万部突破のベストセラーに。

歴史の勉強に革命を起こした「公立高校教師YouTuber」

中田：ムンディ先生が出版された『一度読んだら絶対に忘れない世界史の教科書』は、勉強の本としては異例の大ヒットですよね。

ムンディ：おかげさまで、多くの人に読んでいただいています。

中田：僕もYouTubeで歴史の授業をやっているんですけど、その世界史の授業で参考にさせていただいたのがムンディ先生の本なんです。僕のチャンネルの登録者数が増えているのも、ひとえにムンディ先生のおかげだと思っているんですよ。……あのー、先生の授業を受け売りしていたこと、怒ってないですよね？

ムンディ：動画で「歴史的和解をしたい」とおっしゃっていましたね（笑）。

中田：本日をもって、和解ということで大丈夫ですか？

ムンディ：そうですね。私の本は、料理でいうところのレシピ本みたいなものなんです。「世界史ってこう味わうと美味しいよ」というレシピがたくさん書いてあるのを読んで、あっちゃんに料理をつくっていただいたようなものですから、非常にありがたいことだと思っています。

中田：どうやらセーフだったみたいです。寛大な配慮、ありがとうございます。では、さっそく本題に入りますが、ムンディ先生はYouTuberでありながら、現役の公立高校の先生なんですよね？

ムンディ：はい、学校で毎日授業をやっています。

中田：すごい時代がきたものですね。そもそも、どういうきっかけで動画の配信を始めたんですか？

ムンディ：ある学校で高校２年生に世界史を教えていまして、年度末に「また４月から頑張ろうな！　今度は近現代やるから楽しみにしていてね！」って話していたら、人事異動で別の高校に行くことになってしまって……。

中田：公立高校の先生は勤務先を選べないんですか？

ムンディ：そうなんです。生徒たちに「ごめんね、もう教えられない」と謝ったら「えーっ！」と。

中田：テレビドラマでいうと、「第5話で急に打ち切り」みたいな感じだ！

ムンディ：前の学校の生徒が「せっかく面白い流れで勉強していたのに、ここで先生の授業が終わるのは嫌だ。私たちのところに教えに来てよ！」って、ありがたいことに言ってくれまして。

中田：生徒たちに「先生の授業の続きが聞きたい」って言われることがすごい。

ムンディ：とはいっても、新しい学校での授業もあるし、教えに行くのは難しいなと思っていたところ、「だったら、せめてYouTubeで授業してよ！」と。

中田：面白い。YouTubeは生徒発のアイデアだったんだ！

ムンディ：「そうか、そういう方法があったか！」と気づき、前の学校の生徒のために動画をあげるようになったんです。

中田：こんな感動の話あります？「先生、YouTubeで教えてくださいよ」から伝説のチャンネルが生まれたんだ。

世界史の勉強に「年号」はいらない!?

中田：最初は特定の生徒に届ける、ビデオレターのような授業だった。

ムンディ：本当にそんな感じだったんです。

中田：その動画が人気になって、ついには本も出版されたわけですね？

ムンディ：やっているうちに新聞社の取材を受ける機会があって、その記事を見た出版社の方からお声がけいただきました。

中田：本はどうやってまとめたんですか？

ムンディ：日頃の授業の中で生徒の反応を見ながら、「こういう話は、生徒はあんまり理解できていない」「こういうふうに教えたらいいんじゃないか」みたいなフィードバックを反映させていきました。ひと言でいうと、生徒にウケた話を厳選してつくった本です。

中田：僕たちお笑い芸人と通じるものがありますね。お客さんにウケたネタを集めてテレビに出す、みたいな。

ムンディ：そんな感じかもしれません。

中田：しかも、この本はわかりやすいだけでなく、教え方が画期的なんですよね。普通の世界史の教科書に必ず書いてあるものがないんです。

ムンディ：そうなんです。この本は年号を使ってないです。１２４８年とか、１５４９年とか、そういう記述が一切出てこない。もともと私の動画でも、年号はほとんど使っていないです。

中田：年号を使わなくなったのはどうしてですか？　歴史の先生って、黒板に「○○年」って板書するイメージがありますよね。

ムンディ：世界史に限らず日本史もそうなんですけど、歴史にはストーリーがあって、ストーリーに年号があると生徒はつまらないと感じてしまいます。童話の『桃太郎』でも、「１５２８年、大きな桃がどんぶらこ、どんぶらこと流れてきて、１５２９年、おばあさんが持ち帰って、１５３０年……」みたいに、いちいち年号を挟んでいたらどう思いますか？

中田：情報として邪魔だ。たしかに、ストーリー上、年号はいらないです。あと、今の話だと桃が１年も流れていますね（笑）。

ムンディ：ストーリーを理解するんだったら、「あるところにおばあさんとおじいさんがいて、川に桃が流れていて、その桃を持ち帰って……」という流れを追っていくことのほうが大切です。

中田：年号を排除することでストーリーにフォーカスした、と。

ムンディ：世界史は年号を暗記する科目ではなくストーリーを楽しむ科目なんです。

中田：僕が歴史の動画をやりたいと思ったとき、ムンディ先生の本から学んだ情報をさらに省いてやわらかくコミカルにして授業を始めたんです。動画のコメント欄に「年号を入れて」という要望も何件かありましたけど、「年号を入れるよりも楽しいと思ってもらえることが一番」と感じていました。今日、先生のお話を聞いて、やり方が間違ってなかったと確信しましたね。

世界史がわかると、「ニュース」がわかるようになる！

中田：僕は受験のときに日本史を選択したんです。そのときは「世界史は難しそうだし、外国のことだから関係ないか」と思ってたんですけど、世界史を知らないとニュースがわからなくないですか？

ムンディ：そうですね。最近のニュースでも世界史に関係あることばっかりです。

中田：国際問題はちょっと前の世界史の出来事に起因しているから、世界史を学んでいないとまったく流れがわからない。僕、「インテリ芸人」みたいな枠でテレビでコメントしたり、たまに池上彰さんに質問したりしてたんですけど、「俺、本当は世界史知らないのに」というのがずっとコンプレックスだったんです。でも、自分で勉強をはじめたらすごく面白かったので、やっぱり日本史だけじゃなく世界史もわかるようになると、世界が広がりますよね。

ムンディ：特に大人になってから勉強すると面白いと思います。社会科とは、文字どおり「社会科」です。だから高校生に教えてもまだピンとこないこともあります。お金のつながりや異文化について教えても、実感を持って勉強できないんです。

けれども、社会人になって経験を積んだ人が歴史を勉強すると「世の中ってこうなっているんだ」「お金のつながりって、こうなんだ」みたいなリアルな発見がたくさんあります。

中田：社会に出た人にこそ、社会科が刺さるわけですね。

ムンディ：実際に職場でお金を扱ったり、自分とまったく違う常識を持った外国の人と接したりする経験をして初めて「異文化」「宗教」「金融」について真剣に学ぶようになります。社会科は社会に出てから真価が発揮される科目なので、社会人にこそ歴史を学び直ししてほしいと思います。

学校や塾、参考書ではなく、YouTubeで学ぶ

中田：社会人が歴史を勉強したいと思ったとき、これまでは本を読むくらいしかなかったですけど、今はムンディ先生の動画みたいなものがたくさんありますね。従来の学習動画って、テレビで流されているものか、○○予備校のビデオ授業みたいな有料コンテンツしかなかった。でも、今ではとてつもない量の動画を、見たいときに無料で見ることができる。僕自身、YouTubeで勉強動画のニーズがこんなにもあったことにびっくりしました。ムンディ先生も、YouTubeのよさを実感したことはありますか？

ムンディ：最初はビデオレター的にやり始めたら、どんどん再生回数があがって、案外多くの人が見てくれてると気づきました。

たとえばなんらかの理由で学校に行けなくなった生徒から「不登校なんだけど見てます」といわれることがありますし、「海外で日本の大学を受験す

るために見てます」「社会人だけど見てます」「もうリタイヤしたけど見てます」みたいな声をいっぱいいただきます。途中からは「これは教育を変えるかもしれない」と思いながら撮るようになりました。

中田：すごいな。単純に今学校に行っている人の学習補助になるだけじゃなく、不登校の人、国外の人、学校に今行ってない世代の大人たちにも刺さってる。教育のイノベーションが起きているということですね。

ムンディ：そうなんです。

中田：ちなみに下世話な話ですけど、YouTubeの広告収入とかは学校で問題にならないですか？

ムンディ：公立高校の教員なので、今のところ動画に広告を一切つけていないです。

中田：えー！　すごいです。ごめんなさい。私はしっかりとつけさせていただいています（笑）。

ムンディ：お金とはまた別の評価経済みたいなものが回り始めているのを実感しています。だからこそ本も出せましたし、こうやって今あっちゃんとお話もできているわけですから。

中田：もうスタートからして僕とは全然志が違いますね。本当にすみません。

自分でストーリーを考えてみよう

中田：社会人とか学生の方が歴史を学び直すとき、ほかに「こうするといい」というポイントはありますか？　僕は、「時系列、イノベーション、関連人物」みたいな感じで覚えたり、勝手に歴史上の人物に成りきってお芝居したりするんですけど。

ムンディ：そうですね。先ほどお話しした「ストーリー」というキーワードに関係するんですけど、やっぱり「トマト、トマト」と繰り返し覚えようとしても難しい。そうじゃなくて、「トマトと挽肉を煮込んだソースをつくり、パスタにかけると美味しくなった」みたいに、４つとか5つの言葉を関連させて覚えていくことですね。

中田：年号と事件みたいなのを機械的に覚えようとすると、けっこうツラい。日本史とか世界史って、本当にいろんなことが起きますけど、こんなに面白いストーリーはないぞ、と。

ムンディ：おっしゃるとおりです。

中田：何度も映画化されているぐらい面白いストーリーの原作を学んでいるような感覚ですよね。

ムンディ：一度原作のストーリーを学んだら、今度は自分でストーリーを考えてもらえると嬉しいですね。ちょっとハイレベルですけど。

中田：どういうことですか？

ムンディ：たとえば、今まさにアメリカと中国の貿易戦争がニュースになっていますね。昔は、アメリカが「門戸開放宣言」というのを行って、中国に「市場を開け」と求めたことがあったんです。

中田：国内だけで閉じるなよ、と。

ムンディ：昔は中国の市場を熱心に開こうとしていた時代があったけど、今は逆にアメリカが市場を閉ざして、中国が「市場を開け、うちの国のものを買え」と訴えているわけです。

中田：そうか、「中国のスマホは売らせないぞ」みたいな状況に逆転したんだ。

ムンディ：そうやって過去の歴史を参照しながら、「今中国は門戸開放宣言したいだろうな」みたいなストーリーが頭に思い浮かぶようになるといいですね。

中田：今のニュースも、点で見るからわからないのであって、線にするとストーリーになる。面白いですね。

ムンディ：歴史上の1つひとつの事件を見ながら、「おや、この事件、見覚えがある」「背景を考えると、やっぱりこの国とこの国は仲が悪いよね」みたいに自分で考えられるようになると、もっと面白くなりますよ。

推しメンをつくるのもよし、箱推しもよし

中田：先生は「好きな歴史上の人物は？」とかよく聞かれませんか？

ムンディ：聞かれますけど、じつはあんまりいないんです。

中田：アイドルでいうところの「箱推し」なんだ。推しメンが一人いるとかじゃなくて、「世界史」というグループが好き。

ムンディ：だから「エリザベス1世大好き！」という感じではないですね。エリザべ

ス1世がいて、フェリペ2世がいて、カルロス1世もいるから面白い。たとえばパズルをやるときに、ピース1つを取り上げて「この青がいいよね」とか「この白、最高」みたいには思わない。ピースが揃ってかちっとハマった瞬間が面白いんです。

中田：この事件とこの事件と、あの事件が起きたことで、こういう事件につながった、みたいなことか。なるほど。僕の場合は、「徳川15代だったら家斉が好き」みたいに、ブロックごとに推しメンをつくっています。

ムンディ：それもアリですね。

中田：先生が歴史の魅力を語っているときの笑顔を見ると、本当に歴史が好きなことがわかります。オタクの人がアイドルを語るときと同じ顔をしている。

ムンディ：まさにオタクですね。

中田：今アイドルにハマっている人が、同じような熱量で歴史にハマるかもしれない。オタク感覚で勉強するのも楽しそうですね。

歴史は楽しく学ぶのが一番！

中田：先生は僕の動画も見てくれたんですよね？

ムンディ：私の動画の関連動画にあがっていたんです。「キリスト教のカトリックとプロテスタントとは？」というのを見て、すごいな、と。まさか芸能人から「ビザンツ帝国」とか「ギリシャ正教」という言葉が出てくるとは思ってなかったですし、歴史のつながりを面白く話しているのが、すごいです。「ストーリー派」としては、歴史の流れやつながりをきちんと説明づけながら面白く話しているのが、本当に素晴らしいと思っています。

中田：たしかに、普通のテレビだと、いつまでも信長、秀吉、家康ばかり取り上げている傾向があるかもしれない。

ムンディ：しかも、あっちゃんみたいにつながりを説明している人をまず見たことがないですね。

中田：好感を持っていただけて嬉しいです。関連動画にあがるように、「ムンディ先生」ってタグつけといてよかったです（笑）。これからもいろいろと教育コンテンツをアップしていきたいので、ムンディ先生の活動も参考にさせていただいて大丈夫ですか？

ムンディ：どんどん使ってください。

中田：最初に先生の本を「レシピ」とおっしゃっていましたけど、僕がかなり脚色してお芝居じみたことをやったりするのは問題ないですか？

ムンディ：歴史のコンテンツには本当に面白いものがたくさんありますけど、じつは世の中の先生たちが、あまりうまく料理できてないところがあります。「学校の授業がつまらないから見ています」「学校の先生の話がわかりにくいから見ています」という人がけっこういるので。だから、私のレシピに一味二味加えてもらうのは大歓迎です。

中田：じゃあ、もうオフィシャル料理人として認めていただけますか？

ムンディ：もちろんです。

中田：またコラボさせていただければ嬉しいです。本日はありがとうございました！

第3章

「文学作品」の読み方

文学の読み方 1

事前に「あらすじ」を頭に入れておく

僕のYouTube動画では、「学校の教科書に載っている内容」を中心に取り上げています。それには、明確な理由があります。

「学校の教科書に載っていて一度は習ったけれど、内容がよく理解できなかったもの」に対して、大人になった今、もう一度、チャレンジしてみたいという欲求を持っている人が多いと考えているからです。その「学校の教科書に載っているけど、内容が理解できなかったもの」の代表的存在の1つが、文学作品だと思います。

学生時代、「作家名と作品名だけを暗記して、内容はよくわからないからスルー」という勉強で終わった人が多いのではないでしょうか？

だから、僕の文学作品の動画は、明治時代から大正、昭和にかけて活躍した「夏目漱石」「森鷗外」「芥川龍之介」「太宰治」「三島由紀夫」など、教科書の文学のページの代表的な文豪を中心に取り上げているのです。

文学の読み方に唯一絶対の方法はありませんし、基本的には、好きなように読めばよいと僕は思っています。

したがって、これから紹介する文学の読み方は、**「文学作品ってよくわからないけど、教養として内容もおさえておきたい」という人向けの、文学の世界を楽しむきっかけづくり**ぐらいに考えてください。

では、さっそく1つ目の読み方から紹介します。

まず、いきなり読み始めるのもよいのですが、文学の世界に慣れていない人は、予備知識がないと、読むことに精一杯になって、作品の世界を味わえるようになるまで時間がかかったりします。

そこで、**事前にざっくりとした「あらすじ」だけでも頭に入れておくようにします。**

そうすると、**あらすじを追う負担が減って精神的な余裕が生まれるので、登場人物の心情や場面描写などに目を向けやすくなります。**

あらすじを理解するときに役立つのが、マンガの入門書とネットの情報です。マンガやネット情報の中には、文学作品のあらすじを紹介しているものがたくさんあります。僕が参考にしているのが『必修すぎる文学作品をだいたい10ページくらいの漫画で読む。』（ドリヤス工場、リイド社刊）、『まんがで読破』シリーズ（イースト・プレス刊）などの本です。先にこれらに目を通した上で、ウィキペディアなどで情報を補足する。そして、最後に作品を読むという流れにすると、スムーズに読み解けるようになります。

夏目漱石の作品も、事前にあらすじを理解しておくと、原作の文章の美しさを味わいやすくなるのです。

たとえば、フランス料理を食べるときも、いきなり高級レストランでフルコースに挑戦するのは気後れしますよね。最初はデパ地下などで試食をして「こういう味なのか」と大体のあたりをつけておいた上でお店に行くと、精神的な余裕が生まれます。それと似たようなイメージです。

文学好きの人からすれば、邪道な読み方かもしれませんが、挫折してまったく読まないよりはマシ。文学作品の積ん読を繰り返している人は、一度、試してみることをオススメします。

文学に慣れていない人は、いきなり作品を読まない

✕ いきなり作品を読み始める

時代背景が
よくわからないので、
情景もイメージ
しづらい……
読むのが
シンドイ……

◎ 読む前に、あらすじを頭に入れておく

あらすじ
夏目漱石の文章って
なんて美しいんだろう！

あらすじがわかっていると、
人物の心情や
場面描写などにも
目を向ける余裕が生まれ、
作品を楽しめるようになる

文学の読み方 2

「最初の1行」と「最後の1行」に注目する

文学作品を読むときに僕が重視しているのは、最初の1行と最後の1行です。

僕が文学作品の最初の1行と最後の1行に注目するようになったきっかけは、クイズ番組によく出演していた頃のことです。

クイズ番組で「文学」をテーマに出題されるとき、最初の1行や最後の1行から出題されるケースが多かったのです。

そんなこともあり、クイズ対策として、最初の1行と最後の1行に注目して覚えようと心がけていました。

改めて見てみると、文学作品の1行目はどれもインパクトのある文章ばかりです。

それぞれの作品の内容を知った上で、あらためて、最初の1行を眺めてみると、**最初の1行に作品のすべての内容が詰め込まれているような気がしてきます。**

「吾輩は猫である。名前はまだ無い。」（夏目漱石、『吾輩は猫である』）
「私は、その男の写真を三葉、見たことがある。」（太宰治、『人間失格』）
「国境の長いトンネルを抜けると雪国であった。」（川端康成、『雪国』）

たとえば、三島由紀夫が同性愛を告白したことでも有名な『仮面の告白』の冒頭には、「私は自分が生まれたときの光景を見たことがある」という一文があります。出だしからゾクゾクさせる文章です。「生まれたときの光景を見たことがある」なんて豪語する人、ちょっと普通じゃないですよね。こんなことを堂々と言ってしまう人、僕なら少し距離を置きます。

でも、三島由紀夫はエリート官僚の一家に生まれ、彼自身も東京帝国大学（現東大）の法学部を卒業して大蔵省（現財務省）に入省するくらいのエリート中のエリートでした。三島由紀夫なら、本当に生まれたときの光景を見たのかもしれない、と思わせられるくらい、文句なしの天才です。

また、『仮面の告白』の主人公は、自分が生まれた瞬間の美しさが目に焼き付いているとも言います。つまり、この作品の書き出しは、「頭がいい」というニュアンスのほかに、「美に対する強烈な執着心」の持ち主であることも示唆しているのです。

では次に、最初の1行に対して、最後の1行はどういうものなのかというと、こちらは、「体操の着地」みたいなものです。

最後の1行がきれいに終わると、読後感もよいものになります。

「下人の行方《ゆくえ》は、誰も知らない。」（芥川龍之介、『羅生門』）

「さらば読者よ、命あらばまた他日。元気で行こう。絶望するな。では、失敬。」（太宰治、『津軽』）

「虎は、既に白く光を失った月を仰いで、二声三声咆哮《ほうこう》したかと思うと、又、元の叢に躍り入って、再びその姿を見なかった。」（中島敦、『山月記』）

最後の一文には、次のような変わり種もあります。

「下痢はとう〳〵その日も止まらず、汽車に乗つてからもまだ続いてゐた。」（谷崎潤一郎、『細雪』）

文豪が、どのように最初の一文を書き出し、そして、どのような一文で最後を締めているのか、という視点で文学作品を読んでみると、作品の理解に大きな手がかりが得られます。

さらに、最初の1行と最後の1行を印象的にする手法は、自分で文章を書いたり、プレゼンをしたりするときにも応用できます。

文学の
読み方 **3**

「幼少の育ち方」と「死に方」に作家のすべてが表れる

「作家のすべてが、幼少期の育ち方と死に方に表われる」と僕は考えています。たとえば、芥川龍之介は、生涯にわたって人間の醜さと闇について考え続けた作家でした。

芥川は、作品を通して、繰り返し「人間は醜い存在である」と訴えています。

生後7か月のとき、芥川の母が精神を病んでしまったため、伯母のもとに預けられます。その後、11歳のときに母が亡くなります。

その間、彼は伯母に連れられて、様子を伺いに行くという形で母親と接しました。約10年近くにわたり、実の母親のところに挨拶に行っていたのです。

時には、母親が彼に向かって急に手をあげてくるような場面もあったといいます。そういう精神を病んだ母親と向き合う幼少期を過ごしてきたわけです。

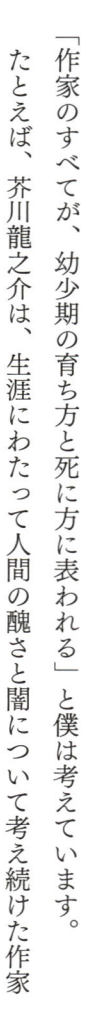

一般的に「母」というと、子どもに無償の愛をくれる存在です。けれども、芥川は母から愛を受けられず、その代わり、母の闇と向き合わされました。彼の精神に何らかの歪みがもたらされたのは、想像に難くありません。

その後、秀才だった彼は東京帝国大学に入学します。そして、在学中に『羅生門』を書き上げます。夏目漱石の門下に入り、漱石に才能を見いだされ、一躍文壇の寵児となります。

『地獄変』『トロッコ』などの名作を発表し、作風は「芸術至上主義」と評されます。「夏目漱石に評価されているから売れているだけだろう」というやっかみを受けることが多々あり、彼は、創作のプレッシャーの中で、次第に追い込まれていきます。

そんな彼を待っていたのが、師匠であると同時に心の支えであった夏目漱石の死です。

漱石の死と関東大震災が追い打ちをかけ、彼は極限まで追い詰められます。プライベートでも女性関係で問題を起こし、義兄の自殺によって姉の家族まで養わなければならなくなり、生活苦も極まり、次第に彼自身も死を意識するようになります。

そして、最後は薬を大量に飲んで自殺するのです。

水涕や鼻の先だけ暮れ残る

これは、芥川龍之介の辞世の句と言われています。

水涕が出ている病の中で、赤くて醜い鼻を晒して死んでいく。そんなさみしさだけでなく、「あの夏目漱石から傑作と言われた『鼻』という作品だけが自分のかすかなプライドとして残っている、その自我のなんと醜いことだろう」という自嘲も読み取れます。

母親から愛されなかった幼少期、そして生活は報われず、聖書にも救われず、自死を選ばざるを得なかった不幸な死に方。この幼少期と死に方に、まさに芥川龍之介という作家の人生が凝縮しているように僕には思えます。

文学作品には、書き手の人生が投影されます。だから、その作家の幼少期の過ごし方と死に方から作品を読み解くのも、解釈の1つの手法なのです。

文学作品には、作家の人生が投影される

芥川龍之介の場合

1 幼少期の育ち方

母親から無償の愛を受けることができず、
代わりに精神を病んだ母親の闇と向き合うことになった

2 死に方

女性問題や生活の困窮などから、
精神が極限まで追い詰められ、自死に至る

↓

**生涯にわたって
人間の醜さと闇について考え続けた**

↓

**芥川の作品の多くは
「人間は醜い存在である」ということを訴えている**

文学の読み方 4

「作者の生涯」から作品のテーマを読み解く

「その作品が、読み手に何を訴えようとしているのか？」

このような問いについて、「作者の生涯」から探るというアプローチもあります。

中島敦の『山月記』などは、作者を軸に読み解くと面白い発見ができる作品です。

ざっくりしたストーリーを紹介します。

『山月記』の主人公である李徴は、元エリート官僚。詩人を目指すも挫折し、やむなく下級官吏として復職する道を選びます。

不本意な扱いを受けるうちに、李徴の心はむしばまれます。ある日、出張先で出奔した李徴は、それ以来姿を見せなくなります。

1年後、李徴の同僚であった袁傪のもとに虎が現れます。虎は李徴のなれの果てであり、自分の身に起きた数奇な出来事を袁傪に語り聞かせます――。

このように、『山月記』は自尊心を抱えて人生に挫折した男の悲しい物語です。

では、この作品は何を訴えようとした作品だったのか？

そして、我々読者はこの作品から何を読み取ればいいのか？

ある日、人間から虎になってしまった男の話なんて、一見、何のことやらさっぱりわかりませんよね。

まず、『山月記』は、中国の唐の時代以降に口承で伝わってきた『人虎伝』という物語を下敷きにしています。

中でも李景亮という人が書いた『人虎伝』とほぼ同じストーリーなのですが、一点だけ異なる部分があります。

それは、「李徴が虎になった理由」です。じつは、**物語におけるとても重要な設定が、中島敦によって創作されているのです。**

原作では、「殺人の罪を犯した罰」として主人公が虎に姿を変えられているのですが、中島敦は「臆病な自尊心と尊大な羞恥心」という、心のありようが主人公を虎に変えたという設定にしています。

この設定の変更は、中島敦本人の人生と深い関わりがあると僕は考えました。

中島敦はエリート一家に生まれ、東京帝国大学を卒業して教師になります。持病の喘息を抱えつつ、作家として生きたいとの思いを持ちながら、教師を続けていました。つまり、中島敦が李徴に自身の姿を投影していたとの推測が成り立ちます。そして、彼は死の少し前に『光と風と夢』という作品を発表します。芥川賞候補作となり、作家として有名になるチャンスをつかみかけた瞬間でした。『光と風と夢』は、イギリスの小説家スティーヴンソンを主人公とする作品です。ここで彼は、スティーヴンソンという実在の人物を主人公に、彼の日記を創作するという、ちょっと変わった設定を選んでいます。

じつは、スティーヴンソンは病弱な作家であり、中島敦との共通点が見られます。彼は、自分自身に有名作家・スティーヴンソンを憑依させて作品を書いたのです。スティーヴンソンは死の直前まで執筆を続け、人生を創作に捧げた作家でした。中島敦が彼に思い入れを強くした理由が透けてくるように思います。

改めて見ると、李徴、中島敦、スティーヴンソンが一直線につながります。おそらく、中島敦は自分の死を予期していたからこそ、生と創作に執着したのではないでしょうか。

中島敦は33歳の若さで亡くなります。若くしてこの世を去った無念を思うと、彼の作品が深みを持って感じられます。

僕は、世の中に何かを発信するという意味でのクリエイターとして、中島敦の生涯には非常に考えさせられるものがありました。

文学の読み方 5

「共感できない人」からも学ぶ

「好きな人物」だけをとことん究める――。

勉強のやり方としては正しいと思います。

興味があれば、勉強したいという意欲もわいてきます。

坂本龍馬が好きな人は、龍馬について学ぶモチベーションが高いので、幕末史を調べるのが苦になりません。必然的に、龍馬の知識が加速度的に積み上がっていきます。

僕の場合でいうと、経営者にはつねに興味を持っています。

経営者は、イノベーションやサクセスを追い求めるエネルギーにあふれています。僕自身、そういった経営者と気が合うのを自覚しています。

ただ、好きな人、共感できる人だけから学ぶというのは考え物です。

好きな人、共感できる人には、どうしても偏りが出ます。偏った人ばかりから学ん

でいると、自分の興味・関心の幅がさらに偏っていきます。

これは、インターネットで、自分が興味を持っている情報ばかりが選択的に提示され、思想が偏ってしまう様子とよく似ています。だから、共感できなそうでも、社会的に関心を集めている人物に注目しておくことも大切です。

「この人、どうして自分とこんなに考え方が違うんだろう?」
「なんで、この人がみんなに受けているのかな?」

このような視点で学んでみるのです。

僕は、YouTube動画で、夏目漱石や芥川龍之介、太宰治や三島由紀夫といった文豪の作品を解説しました。

正直に告白すると、最初はどの文豪も、僕はほとんど共感も理解もできませんでした。「この人、いったい何なんだよ!」と思いながら本を読むことばかりでした。

特に太宰治の『人間失格』は理解に苦しみ、太宰好きで知られる又吉直樹さんに解釈の仕方を聞きに行ったくらいです。

理解できなくても、『人間失格』は、夏目漱石の『こころ』と発行部数を争うくらい、日本を代表する小説作品の1つです。そこには日本人の心をつかんで離さない秘密が何かあるとにらんでいました。

『人間失格』は、ひたすら深い穴に落ちるような暗いエピソードの連続です。ネグレクト、幼児虐待、トラウマ、売春、過激派、アルコール依存、心中事件、自殺未遂といった、今でも重要とされるあらゆる社会問題が、「これでもか！」というくらいにふんだんに描かれています。極めつけは、連載完了と同時に太宰治本人が自殺するというセンセーショナル性。

そういったもろもろの要素が、世の中で生きづらさを抱えている人の琴線に触れているのでは、と想像できます。

主人公は境界性人格障害という病気を抱えているのではないか、と僕は考えました。

境界性人格障害とは、ちょっとしたことではげしく落ち込んだり、傷ついたりして、気分が乱高下する症状であり、多くの場合、頻繁に自殺未遂を起こすことでも知られています。なおかつ、この症状を抱える人は幼少期の生育環境で大きな傷を受けている場合が多いとも言われています。

『人間失格』が発表された当時、境界性人格障害は病気として理解されているとは言いがたい状況にありました。

だから、『人間失格』とは、太宰治が社会問題としての境界性人格障害を訴えかけた作品ではないか、というのが僕の解釈です。

僕自身は、太宰治や『人間失格』を完全に理解することはできませんでした。けれど、太宰治という作家が社会の負の側面にフォーカスする弱さや優しさの持ち主であるというのはなんとなく理解できました。

『人間失格』のように、少し自分とは縁遠い世界に時に触れるのも、人間を理解する上で、意味のある学びだと思うのです。

文学の読み方 6

『こころ』から読み解く日本人の精神の変化

日本を代表する文豪・夏目漱石の作品の価値はいったいどこにあるのか？

僕は、**「日本人の精神のあり方を浮き彫りにしているところにある」**と解釈しています。

たとえば、『こころ』は恋愛の問題に焦点を当てて語る人も多い作品ですが、それ以前に、「登場人物の心理がよくわからない」という人もたくさんいます。

なぜ「よくわからない」のかというと、「明治の精神」が色濃く反映されているからです。

作品の中で「先生」は、「明治の精神に殉死する」と遺書に書き残しています。「殉死」は、陸軍大将であった乃木希典が明治天皇の崩御に際して殉死した事件に影響を受けています。

そもそも明治維新以降、政府は国家を神道でまとめようとしました。神道を中心に国家をイチからつくり直そうと試みたわけです。

『こころ』という作品で描かれる殉死は、国家神道を軸とする明治の考え方と、江戸時代以来の儒教の考え方の終着点を象徴しています。

乃木希典は、国家と明治天皇を生きる支えとしていました。それが失われたから殉じるというのは、彼の中で理屈が通っています。

しかし、乃木希典の殉死については、当時も賛否が分かれました。旧世代の新渡戸稲造や森鷗外は賛意を表し、新世代の志賀直哉や芥川龍之介は疑問を表明しています。忠義を重んじる「封建的道徳主義」と、それを無価値とする「西洋的個人主義」との間で人々が揺れていたことを示しています。

つまり、夏目漱石は、明治時代を総括するという意思で『こころ』という作品に取り組んだことが推測できます。

これは、**恋愛のストーリーに明治時代から大正時代への精神の移り変わりを落とし込んでいる作品**なのです。だから、『こころ』の面白さは、現代人が読んでも「登場人物の心理がよくわからない」ところにこそあるのです。

夏目漱石は『こころ』という作品を通じて、時代の流れとともに封建的道徳が西洋的個人主義に移り変わっていく切なさを描いています。

『こころ』は、道徳や正義が何なのかを考えさせる作品であると同時に、人間の正義や美徳が移り変わるということを突きつける名作でもあるのです。

文学はストーリーをただ追うというのも楽しみ方の1つですが、そういった大きなテーマから読み解くと、面白さが倍増するものでもあります。

文学の読み方 7

自分のアイデンティティを見直すきっかけにする

夏目漱石以降に登場した芥川龍之介、太宰治という作家も、日本人の精神のあり方に真正面から向き合った作家たちでした。

『こころ』で描かれたのは儒教や神道的な価値観が崩れていく姿でしたが、芥川龍之介の時代には、西洋的個人主義、あるいはキリスト教の価値観が人々の心をとらえるようになります。

芥川龍之介は、旧時代と新時代の2つの価値をどちらも信じることができず、価値観の分裂に苦しみます。

芥川龍之介が自殺前夜に書き上げた『西方の人』というエッセーがあります。「西方の人」とはイエス・キリストのことであり、芥川はキリストの生き方を自分になぞらえながら、苦痛を描きました。

また、芥川の小説『歯車』の中で、主人公の「僕」は、「救われたい」という一心で有名なクリスチャンに会い、そのクリスチャンはこう教え諭します。

「神は誰でも救ってくれます。あなたは闇を持っているというけれど、闇があるところには光があるでしょう」

これに対して、「僕」は言います。

「光のない闇もありませんか？」

芥川は、最終的に絶望して自殺という選択肢を選んでしまいます。

そして次の時代の日本人の精神を描いたのが太宰治です。太宰の価値観を大きく揺るがせたのは、第二次世界大戦の敗戦という体験です。

敗戦によって国家神道が完全に否定され、人々が価値観の主軸を失う中、太宰は聖書にその答えを求めようと考え、自分の作品に聖書を描こうとします。

又吉さんに『人間失格』について質問したとき、「この作品は聖書である」とおっしゃったわけもなんとなくわかります。

『人間失格』の最大のメッセージは「私たち日本人はいったい何を信じればいいのか？」という問いかけであり、「日本人には、もはや信じるものの軸がない」というこ

とを提示している物語だと思うのです。

日本人の多くが、初詣は神社に行き、お葬式はお寺で、結婚式は教会であげます。それにもかかわらず「あなたの宗教は何ですか？」と問われると、明確に答えることができません。そんな「信じるものがない」日本人の精神について、『人間失格』は僕たちに問いかけてきます。

ですから、夏目漱石に始まり、芥川龍之介、太宰治といった文豪たちの作品を読むことは、自分たちのアイデンティティを見直すきっかけになるかもしれません。

僕たちは、何を信じているのか？

そして、これから何を信じていけばいいのか？

文学を読みながら、このような問いについて考えてみるのも、大事なことではないでしょうか。

第4章

「政治・経済」の独学勉強法

政治・経済の独学法 1

「自分の身を守るため」に政治・経済を勉強する

僕が、YouTubeで政治をテーマにした動画をアップしたところ、「政治家になりなよ」という声をいただきました。

でも、僕は自分の政治的な主張をしたいからという理由で、消費税や原発、憲法などの動画をアップしたわけではありません。

前にもお話しした通り、理由は、「面白いから」という知的好奇心だけです。

今回、政治や経済について語り、「政治家になりなよ」という声をいただいたときに、「政治や経済について語るのは、政治家や政治的な主張を持つような特殊な人たちであって、一般の人には関係がないもの」と考えている人が多いのかもしれないな、と改めて感じました。

「政治や経済なんて、自分たちの生活と関係がない」と思うのは、完全な誤りです。

社会の勉強は、自分の身を守るための手段でもあります。

「社会について勉強しない大人」は、必ず搾取されます。これは歴史が証明している事実です。

たとえば、僕が所属している吉本興業で、所属しているタレントが契約書を交わしていないことが大きな問題となりました。

そういった世論の声も受けて、吉本興業は、すべての芸人・タレントと「共同確認書」を交わす方針を発表しました。

こういった事態が起きてから、慌てて勉強したり、考えたりしようとするのでは遅すぎるのです。「あーだ、こーだ」と右往左往して、結局、「よくわからないまま」対応するということになりがちです。

基礎的な法律の知識を身につけておけば、少なくとも、「よくわからないまま」対応という事態だけは避けられます。

日本史や世界史には、たくさんの条約が登場します。中には、日米和親条約や日米修好通商条約など、「不平等」条約もあります。歴史を学べば、世の中の「取り決め」や「約束事」には、時に「理不尽」な内容が含まれることもあります。自分の身を危険にさらす可能性があるものについて、無頓着なままでいるのはマズイと思えるはずです。知識は、生々しい現実に対処する術にもなるのです。

吉本興業をめぐる一連の問題では、僕の先輩芸人が顧問弁護士を間に入れたことで、会社との亀裂が深まったという報道もありました。それを聞いて、本当に涙が出そうになりました。自分の身を守るためには、法律の知識を持つ弁護士の力を借りたほうがいいに決まっています。

たとえば、離婚を巡って裁判に発展したときも、弁護士をつけている配偶者を相手に、個人で訴訟を優位に進めるのは至難の業です。弁護士をつけるのは、自分の身を守るための知識の補完を意味しているのです。

知識がなくても誰かが守ってくれるとか、世界は平和であると思うのは、お気楽というより、根本的に間違っています。

法律の知識がないと法律に縛られるのと同じように、お金の知識がないとお金持ちになれませんし、経営の知識がないと経営者になれません。

僕がテレビの仕事で地方のロケなどに行くと、ときどき僕の目から見ると疑問に思うような経営をしている飲食店を見つけることがあります。

経営の勉強をせずに飲食店で修行し、そこそこの開業資金ができたというだけで独立してしまう。これでは、経営がうまくいかずに失敗するのも当然です。

知識は、「自分を守り、この世の中を生き抜くための武器」にほかなりません。

あらゆる仕事は、知識をベースにして成立しています。

たとえば、デザイナーはデザインの知識があるからこそ、新しいデザインを生み出せます。芸術家も過去の作品を知ることでクリエイティブな作品を手がけることができます。

世の中の人全員が、知識に目覚めるというのは現実的に難しいかもしれません。

でも、せめてこの本を読む人たちは、自分の身を守るために知識を身につけてほしいと思います。

身につけた知識は、必ず自分にとってアドバンテージとなる。

日常的に勉強している人は、その事実を十分に理解しているのです。

政治・経済の独学法 2

テレビ番組で「政治」を学ぼうとしない

「テレビには、政権への忖度がある」

このように僕は考えています。

なので、テレビの報道番組やニュース解説番組、ワイドショーだけで政治を学ぶのには限界があります。**テレビでは頻繁に政治を取り上げているように思えますが、じつは政治を「教えている」わけではない**のです。

２０１９年７月に参議院選挙があったとき、僕は投票に行きました。そのとき、周りの人に「投票した？」と聞いたところ、「行っていない」と言う人がたくさんいました。

ワイドショーで、コメンテーターのある芸人さんが「今の政治に対する抗議として、私は選挙に行かない」「そんなに私に投票させたいなら、政治に関心を持たせるように努力してほしい」などと語っていたのを観ました。実際、7月の参院選の投票率は48・80％と、過去2番目の低さでした。

僕が選挙に行かない人たちに「選挙には行ったほうがいいよ」と言ったところ、キョトンとする人もいれば、「それは余計なお世話です」と食ってかかってくる人もいました。

その様子を見て、僕は戸惑ってしまいました。

「ああ、みんなこういう温度感で政治を見ているのか。もしかして、みんな政治について、よくわかっていないのではないか？」

僕自身、結婚する前の20代の頃は、選挙にあまり関心を持っていませんでした。しかし、次第に選挙に関心を持つようになって勉強する過程で、政治や選挙の重要性を知りました。そこで、YouTubeで政治をテーマにした動画をアップすることにしたのです。

僕が政治について学んだほうがよいと思う内容は、特に難しいことでもなく、ごく基本的な知識です。党利党略などどうでもいいですし、特定の政党や政治家を支持させようとする意図もありません。

政治は、「国のお金の使い道」を決める作業です。僕たちの家計をやりくりするのと本質は一緒です。

つまり、**「選挙に行かない」ことは、自分が住んでいる国の「お金の使い道」について「何も主張しない」のと同じ**なのです。

選挙に行かない人が増えると、相対的に、選挙に行く層の声が政治に反映されやすくなります。当然、選挙に行かない層が割を食うのは目に見えています。

選挙というと必ず聞くのが「どの政治家に投票したらいいかわからない」という声です。

でも、これは本当は逆です。

「わからないから投票しない」ではなく、「わからないから投票して経験を積む。経験を積むことでわかってくる」が正しいのです。

権力者にとって最も理想的な状態は、選挙権を持つ人の多くが「政治はわからないのでお任せします」と全権を委任することです。自分を支持してくれる層以外の人にはできるだけ選挙に行ってほしくはないというのが彼らの本音なのです。

権力者にしてみれば、「今の政治に対する抗議として、私は選挙に行かない」と話していたコメンテーターは、むしろありがたい存在でしょう。

日本史や世界史を勉強すると、選挙で投票するという権利自体が決して当たり前ではなかったことがよくわかります。その昔は普通選挙の導入を主張するだけで、命の危険にさらされるような時代があったのですから。

日本で20歳以上の男女全員に選挙権が与えられたのは、1945年。歴史的に見ると、つい最近の話なのです。

重要なのは、選挙や憲法は、僕らの生活を守る重要なものであるということです。

権力者を縛るのが憲法であり、権力者を選定するのが選挙です。

つまり、僕たちが自分の生活を守るための唯一で最大の武器が、選挙や憲法なのです。

政治・経済の独学法 3

僕が最も影響を受けた現代の偉人

YouTube大学の中で、僕は現代の偉人伝の授業動画を公開しています。

僕は、ビジネス分野の偉人に高い関心があるので、自分のYouTubeの授業動画の中でも、特に気に入っているコンテンツの1つです。

「最も影響を受けた現代の偉人を挙げるなら？」と問われたら、僕はラリー・ペイジを選びます。ラリー・ペイジのスマートさには憧れます。彼のようになりたいと思うこともあります。

グーグル、アップル、フェイスブック、アマゾンのいわゆる「GAFA」は、世界を席巻する4つの巨大企業として知られています。

ただ、グーグルの創業者であるラリー・ペイジについては、どことなく謎めいた雰囲気があります。アップルのスティーブ・ジョブズ、フェイスブックのマーク・ザッカーバーグ、アマゾンのジェフ・ベゾスが比較的日本人にも知られているのに対して、ラリー・ペイジは不思議と知名度が落ちるのです。

グーグルは超巨大企業なのに、トップの実像が世間に今ひとつ知られていない。それだけでも興味がそそられます。

彼の父親は、ミシガン大学で初めてコンピュータサイエンスの学位を取った秀才。そして母親は、コンピュータサイエンスで修士課程も修めているプログラミングの先生。まさにサラブレッドとして生まれたラリー・ペイジは、5歳から、読んだ絵本をパソコンに打ち込んでいたといいます。なんというか、モノが違いすぎます。

そしてスタンフォード大学在学中に、セルゲイ・ブリンという友人と出会い、検索の会社を起業します。その会社を1年後にグーグルに改名。25歳の若さで、今僕たちが知っているグーグルを創立しました。

ラリー・ペイジの革新性は、サイトに「ページランク」というものをつけて検索の仕組みを向上させたこと。そして、アフィリエイト戦略という（今ではすっかり当たり前になっていますが……）新しい概念を採用したことです。

それにより、グーグルが検索の代名詞としての地位を確立し、今僕たちが当たり前のように「ググる」と話しているわけです。

ところで、グーグルが世界最大の検索エンジンになった直後、ラリー・ペイジは28歳でCEOを退いています。若すぎた彼は、巨額の投資を受けるにあたって後見人を必要としたとされています。

グーグルは、エリック・シュミットという技術者出身の人物を迎え、セルゲイ・ブリンと3頭政治という体制を確立。そこから、Gメール、グーグルマップ、YouTubeなどを一気に手に入れ、さらに巨大企業へとのしあがっていきます。

38歳のとき、彼は満を持してCEOに復帰します。その4年後、Alphabetという企業のCEOに就任。Alphabetはグーグルの親会社です。この企業で、彼は空飛ぶクルマや宇宙鉱物の採掘にかかわる企業に投資をしています。

グーグルはもともとあったビジョンのうちの一つであり、これからは一段上のビジョンからビジネスをしていく……らしいのですが、正直なところ、もう僕の想像を超えています。ここまですごいと、何が僕の人生に参考になるのかわからないくらいです。ただ、ラリー・ペイジのような圧倒的な人物に触れると刺激を受けるのは間違いありません。

政治・経済の独学法 4

AI分野の用語は、組み合わせて理解する

人間は「よくわからないもの」に対して、心理的に避けがちな傾向があります。

でも、この先、「よくわからないもの」が次々と僕たちの目の前に現れることになるのは間違いありません。

「よくわからない」という理由だけで、理解することを拒絶し続けてしまうと、5年後、10年後には浦島太郎状態になってしまいかねません。

今、「よくわからないもの」の代表的な存在といえば、ＡＩ（artificial intelligence、人工知能）です。

「ＡＩ化が進むと、人間の仕事の半分以上がなくなる」と報告する研究があります。

週刊誌やネットの記事でも「ＡＩ化でなくなる職業」「ＡＩ化で生き残る人材になるには」といった記事をよく見かけます。そんなふうに日常的に不安を煽られているせ

いか、ＡＩをネガティブなイメージでとらえている人が多いようです。

では、**「いったいＡＩとは具体的にどういうものか？」と聞かれると、きちんと答えられる人は少ない**と思います。

じつは、ＡＩブームは過去から繰り返されていて、現在僕たちが目の当たりにしているのは「第三次ＡＩブーム」です。このブームを牽引しているのは、「ディープラーニング」という手法です。ディープラーニングを簡単にいうと、機械が自分で学習するということです。ディープラーニングの技術的な課題を克服した結果、一気にＡＩの進化がもたらされたといいます。

ＡＩという言葉と関連して一緒によく登場するのが、IoT、ビッグデータ、ロボティクスという概念です。１つひとつの単語を聞くと難しそうですし、言葉の字面も、なんだかすべて同じような意味に見えます。

こういうＡＩ関連のワードは、別々に理解しようとせずに、一気にまとめて学ぶと、意味を理解しやすくなります。

IoT（Internet of Things）とは、モノがインターネットにつながっている状態。たとえば、冷蔵庫とインターネットがつながると、スマホで冷蔵庫の中身がチェックできるようになります。ビッグデータは、インターネットが普及することによって大量に集まったデータのことです。最後のロボティクスとは、機械の制御を行う「ロボット工学」のことです。

以上がどうつながっているのかというと、まずIoTが「目」の役割を担います。ビッグデータが「知識」、AIが知識を踏まえて思考する「脳」、そしてロボティクスが「手足」の役割を果たします。

たとえば、夏の猛暑日にクルマで帰宅してガレージに入ったとたんに、自宅のエアコンが作動したらどうでしょう。とても便利ですね。エアコンがインターネットにつながっていたら（IoT）、クルマが家に近づくタイミングでエアコンを自動でつけることができるようになります。

これは、「クルマでガレージに駐車したら、その数分後に運転していた人が部屋に入る」というビッグデータをもとに、「エアコンをつけたほうがいい」というAIの判断に対応して、エアコンが作動するというロボティクスがつながることによって成立します。

つまり、AI、IoT、ビッグデータ、ロボティクスをまとめて学んでみると、**僕た**

ちの便利な生活をつくる「連携プレーヤー」たちであることが理解できるようになります。

そもそも、Google翻訳や、iPhoneのSiri、アマゾンのレコメンド機能など、ＡＩは僕たちの生活にすでに浸透しています。

今後、ＡＩは僕たちにどんな未来をもたらすのか？

結論をいえば、ＡＩがもたらすのは「圧倒的な便利さ」です。前述したように、「ＡＩによって人間の仕事がどんどん奪われる」と言われています。しかし、現実になくなるのは、じつは、「仕事における一部のタスク」です。たとえば、レジ打ちの仕事はなくなっても、スーパーで働く店員がゼロになるわけではないということです。

どのタスクがなくなるのかがわかれば、仕事のやり方を変えることが可能になります。必要な仕事に集中でき、強みを極められるようになるわけです。だからこそ、やみくもにＡＩをおそれるのではなく、ＡＩについて理解する必要があるのです。

「自分が関わる業種や生活に、ＡＩがどう入り込んでくるのか？」をきちんと理解することで、未来が予測できるようになり、適応できるようになるのです。

政治・経済の独学法 5

「仮想通貨」を学ぶときは、通貨の歴史も一緒に学ぶ

「よくわからない、危ないモノ」

「財テクなんだろうけど、なんかアヤシイ……」

このような理由で、仮想通貨を避けている人も多いかもしれません。

じつをいうと、最近まで僕もそんな一人でした。

けれど、実際に調べてみるとびっくりするくらい面白く、誰もがこの先、仮想通貨を避けて通れないと確信するに至りました。

仮想通貨を理解する上では、まず通貨そのものについて理解しておくことが重要です。

通貨ができる前の大昔、人々は物々交換をして生活を営んでいました。ただ、物々交換が成立するのはお互いにほしいものが合致するという偶然が必要ですし、肉や魚

などは腐りやすいのも難点です。

そこで、交換の仲立ちとして「貝」「稲」「塩」などが使われるようになりました。これが通貨の原点です。

やがて金や銀が交換の仲立ちとして主流となっていきます。金や銀はきれいで希少価値も高かったからです。

でも、金や銀には「重くて持ち運びが不便」という欠点がありました。そこで現れたのが「紙幣」です。紙幣と金との交換を約束することで、ただの紙切れが通貨として成立するようになったのです。

しかし、またもや不都合な事態が起きました。金の量には限りがあり、紙幣の数に見合う金を用意できなくなったのです。

結果的に、金の量と関係なく、紙幣が発行されるようになりました。金と交換しなくても、紙幣が流通しているのは、みんなが紙幣のことを「お金だ」と信用しているからです。

つまり、通貨の仕組みは時代とともに変化してきたものであり、今の通貨の仕組みも変化する可能性が十分あるのです。

さて、この先、紙幣に取って代わるのではないかとされているのが仮想通貨です。仮想通貨はインターネット上にだけある通貨のこと。サトシ・ナカモトという謎の人物が仮想通貨の仕組みを構想し、ビットコインが誕生したことで、世界的に普及し始めたとされています。

仮想通貨は国や中央銀行が発行しているわけでもないのに、通貨として価値が認められています。それは「ブロックチェーン」という仕組みがあるからです。簡単に言うと、取引の台帳を全員で持ち、やりとりを見張ることで、データの不正な書き換えを防止しているのです。

その結果、仮想通貨は、政情不安で通貨が安定していない国ではむしろ自国の通貨よりも信用されるようになってきました。

日本でも、多くの人が「円」を信用して使っているのと同時に、数年前から仮想通貨の取引所ができて、みんなが仮想通貨を買うようになりました。吉本興業に所属する芸人たちの楽屋でも、一時期、仮想通貨の話題で持ちきりだったのを覚えています。

ただ、今の仮想通貨にはハッキングのリスクや中国企業の所有に偏っているなどの課題があります。

そんな中、ここにきて、頭打ちになるかと見えた仮想通貨に新たな動きが出てきました。台風の目となっているのが、2019年6月にフェイスブックが発表した、独自の仮想通貨「Libra（リブラ）」です。

Libraは、決済手段や価値の尺度を重視した通貨で、スイスに設立された「リブラ・アソシエーション」によって管理されています。「リブラ・アソシエーション」は、おもに米国の企業によって組織された企業連合体で、巨大な資本を背景に通貨としての安定を確保しようとしているのです。

つまり、「国や中央銀行に依存しない、巨大な企業連合体で通貨を支配する」というのがフェイスブックの目論見と言えるでしょう。

こうなるとアメリカをはじめとする国の面目が立たなくなります。たとえば、日本人がみんなLibraを使うようになったら、お札を刷って経済をコントロールするという日本政府の特権が無効になります。

国家と巨大企業の主導権争いはすでに始まっています。僕たちの未来を考えるためにも、この動きから目をそらしてはいけません。

政治・経済の独学法 6

ニュースは「点」ではなく「線」で読む

ニュースの時事問題で、「○○という国と○○という国がモメている」という内容をよく見かけます。こういうニュースを現在という「点」だけの視点で見てしまうと、内容の本質がよくつかめません。

「点」ではなく、**歴史の流れという「線」の視点で見ることで、「なんで、この国とこの国がモメているのか?」がよくわかるようになります。** ここで、歴史の勉強が役立つのです。

たとえば、アメリカ、中国、ロシア、韓国などについてのニュースは、世界史の現代史の流れを学んでおくことで、内容がよくわかるようになります。

第二次世界大戦後の世界は、戦勝国であるイギリス、フランス、アメリカ、ソ連、中国に主導されてきました。日本人には意外に知られていない事実ですが、国連（United

Nations）は、戦勝国側である「連合国」をそのまま移植した組織です。

戦勝国は「一枚岩」というわけではなく、アメリカとソ連の対立に代表される東西の冷戦構造が生まれました。

西ドイツはアメリカが支援し、東ドイツはソ連が支援する。朝鮮半島も、韓国はアメリカ、北朝鮮はソ連と、北と南に分かれて分割統治されました。朝鮮半島が自らの意図で分裂したのではなく、背景に冷戦があったことを理解しておく必要があります。

この2つの国の間で争ったのが朝鮮戦争であり、現在も休戦状態が続いています。けっして戦争が終結したわけではないのです。

アメリカとソ連の対立は「キューバ危機」（ソ連がキューバにミサイル基地を建設し、両者が一触即発になった出来事）で頂点に達しますが、その後、ベトナム戦争によってアメリカはパワーを失い、ソ連はプラハの春（チェコの民主化運動）を弾圧したことで世界中の非難を浴び、冷戦構造は崩壊へと向かっていきます。

さらにソ連はチェルノブイリの原発事故で信頼が失墜し、連邦解体へと向かいます。現在の僕たちが知っているアメリカ一強体制は、このときから始まっているのです。

その間の世界は、未だに解決のつかない大きな問題を抱えていました。

大きなものを挙げるとすれば、次の3つになります。

①中東パレスチナ問題
②インド・パキスタン問題
③中国・台湾問題

①中東パレスチナ問題は、なんとなく、ずっともめごとが続いているイメージがあります。これは、もともとは第一次世界大戦中にイギリスが協力の見返りに、ユダヤ教徒とイスラム教徒の両者に、聖地であるパレスチナの「エルサレム」での建国を約束した「二枚舌外交」に端を発しています。その結果、両者の争いは第1次〜第4次中東戦争へと長期化してしまうのです。

②インド・パキスタン問題も、じつはイギリスがらみで起きています。もともとイギリスはインドの独立を阻止するために、インド国内のヒンドゥー教徒とイスラム教徒の対立をあおりました。結局、インドの独立は認められましたが、「インド連邦（ヒンドゥー教徒）」と「パキスタン（イスラム教徒）」に分離され、両者の遺恨が今日ま

で続いています。

③中国では、日本と戦争している間に共産党と国民党が手を結んでいましたが、戦後は、内戦が再燃。共産党の毛沢東が勝利し中華人民共和国を建国、敗れた国民党は台湾に逃れ、中華民国政府を樹立します。そして、両者ともに自分たちが正統な中国であることを主張しました。中国と台湾の仲が悪いのは、こういう背景を抱えているからです。

中華人民共和国は毛沢東を中心に国力を高めようとしたものの失敗。鄧小平によって経済自由化へと舵を切ります。このとき、政治の自由化を求めた人々を弾圧したのが天安門事件です。こうして中国では、経済は自由化、政治は共産党の独裁体制が今でも続いているということです。

このように、歴史の流れを勉強すると、ニュースがよくわかるようになるので、ニュースを読むのがさらに楽しくなるはずです。

政治・経済の独学法 7

「米中新冷戦」は、ウラに隠された構図を歴史から読み解く

「米中新冷戦」というトピックも、点ではなく、線で読み解くことで、まったく違う構図が浮かび上がってきます。

なんとなく、アメリカと中国が対立していることは多くの人がわかっていると思います。

この対立が鮮明になったのは、２０１８年。アメリカのペンス副大統領が中国を非難する演説をしたことで、世界に衝撃を与えたのです。

中国に対するアメリカの不満の一つが、貿易赤字で、アメリカは貿易赤字の約半分を中国に対して負っていました。

そこで、アメリカは中国からの輸入品に対して関税の引き上げを繰り返し発動。中国もこれに応戦して追加関税措置を発動しました。

また、アメリカは安全保障上でも中国の動きに疑念を抱いてきました。ファーウェイショックという言葉を聞いた覚えがあるでしょうか。ファーウェイは、中国の通信機器大手。アメリカでいうアップル社のようなものです。アメリカは、ファーウェイ商品にはスパイ的な機能が仕込まれていて、中国のクラウドに情報が送られているのではないかと疑っていました。そこで、ファーウェイへの事実上の輸出禁止規制をかけました。

さらに、ファーウェイの№2を逮捕したほか、中国企業によるアメリカ企業の買収を防止する手段に打って出ました。

こういった荒々しいやり方は、いかにもトランプ大統領のキャラクターと合っているので、トランプ政権ならではと思いがち。ですが、じつは違います。

なりふり構わず出る杭を打つのがアメリカの「お家芸」であり、かつて同じような仕打ちを食らった国がありました。僕たちの国、日本です。

１９８０年代に日米貿易摩擦が大きな問題となりました。当時、日本の自動車や電化製品はアメリカ市場を席巻していました。アメリカは多額の対日貿易赤字を抱え、日本製品を排斥したり、日本企業に訴訟を行ったりという実力行使に出ました。今中国に対して行っている一連の力の行使を連想させます。

このように現代史を見れば、アメリカが世界最強国であり続けるための覇権争いとして理解できるようになるわけです。

さて、現実に中国はアメリカに対抗するだけの力をつけつつあります。中国は国家主導で市場経済に介入し、有力企業を育てています。

習近平国家主席は、中華人民共和国建国100周年の2049年までに、経済や科学技術などの総合国力でアメリカを超えると宣言しています。

それを達成するために、シルクロード経済圏構想「一帯一路構想」を打ち出し、ユーラシア大陸・ヨーロッパ・アフリカを海と陸路で結ぶ、巨大な交通インフラプロジェクトを推し進めようとしています。

イギリス最大の金融機関であるHSBCは、2030年には米中のGDPが逆転し、中国が世界最大の経済大国になると予測しています。

この米中の覇権争いはいったいどうなるのか？

トランプ大統領は大統領選挙での再選を目指す中、足下にスキャンダルという不安を抱えています。政治的スタンスをめぐっても国内で分断の動きが見られています。

一方で中国は習近平を頂点とする中国共産党の一党独裁体制です。この中国の権力は5G時代に加速するといわれています。中国は、「芝麻信用」という個人の信用を評価するシステムで、個人のデータと行動をがっちり管理しています。また、2000万台の顔認証に対応したカメラで国民の動きも監視しています。独裁体制とハイテクは親和性が高く、習近平は着々と権力を強化しています。

米中両国の対立の行方を、専門家たちは「トゥキディデスの罠」という説で説明しています。「かつての覇権国家と次の覇権国家は仲良くすることは決してできない」という学説です。

「この両国の間で、これからの日本はどうしていくのか?」

これは日本人として知っておくべきであり、考えなければならない問題なのです。

政治・経済の独学法 8

テクノロジーを理解すると未来が予測できる

テクノロジーは、僕たちのビジネスや生活に直結しています。つまり、テクノロジーを学ぶことは、次の時代の成功をつかむことにつながります。

「未来のことなんて、わからない」とよく言いますが、**歴史を学び、現在とつなげて、理論的に考えていけば、未来は予測できる**と僕は思っています。

いま、最注目の、テクノロジーといえば「5G」です。

では、5Gが、具体的に何を意味しているのか、僕と一緒に見てみましょう。

まず5Gは、5th Generationの略。第5世代移動通信システムを意味しています。ポイントとして以下の3つが挙げられます。

①高速・大容量通信
②超高信頼・超低遅延

③多数同時接続

では、5Gの到来で何がどう変わるのか？

代表的なものをいくつか取り上げてみることにします。

①動画……5Gでは、2時間の映画を数秒でダウンロードできるようになります。容量を気にせず高画質の動画が楽しめるようになると、スマホで当たり前のように映画鑑賞できる時代が到来します。合わせて、YouTubeで支持されるコンテンツも変わる可能性があります。

②VR（仮想現実）とAR（拡張現実）……ライブやスポーツがマルチアングルで楽しめるようになり、観賞方法が劇的に変化すると考えられます。

③ゲーム……これまでとはまったく違う大規模でのオンラインゲームがスムーズに楽しめるようになります。

④自動運転……これは5Gがもたらす進化の大本命と目されています。僕たちの生活に、インターネットにつながることを前提としたコネクティッドカーが登場し、自動運転のレベルもどんどん進化します。

⑤医療……遠隔診断、遠隔手術も実現することが期待されています。
⑥商品購入……Amazon Goなどの「無人コンビニ」が普及すると予想されています。

最先端の企業は、早くから5Gへの移行をにらんで、新たなサービスの提供に着手しています。僕たちが知るのは、そのサービスが一般にリリースされてからです。つまり、受け身の状態でサービスを楽しんでいるだけでは、未来を先取りして成功するのは不可能です。

新たなテクノロジーの登場に乗っかったとき、「自分だったら、何ができるか?」を模索する姿勢が重要です。

まずは、さきほど掲げたような未来は、「こんな生活になるかな?」「こんなふうに仕事のやり方が変わるかな?」とイメージしてみることです。それだけでも、生活への向き合い方が自然と変わってきます。

政治・経済の独学法 9

成功している起業家のタイプを知る

「厳しい現代社会の中で、どんな人が成功しているのか？」

現代社会を学ぶときの僕の関心は、つねにこの点にあります。

特に、ベンチマークしているのが、起業家や経営者たちです。

成功している起業家には、２種類のタイプがいます。

１つ目は、**「自らが陣頭に立ち、エネルギッシュにPRをしながら立ち振る舞うタイプ」**です。イーロン・マスクや堀江さん、西野さんなどが、このタイプです。

前に出るタイプは、それなりのリスクも負います。バッシングの対象になりやすいからです。ちょっとした失言やスキャンダルがきっかけで世論の猛反発をくらう危険性もあります。「攻撃力は非常に高いものの、防御力が弱い」という側面もあります。

中国のネット通販最大手アリババ・ドットコムの創業者にして、中国ＩＴ界の風雲児と呼ばれるジャック・マーがアリババグループの会長を退任すると発表しました。

中国政府は、大企業を警戒し、規制をかけようとする動きも見せています。ジャック・マーは、前に出て目立ちすぎたことによって、様々な軋轢を生み、リスク回避の手段として退任を選んだのではないか、と僕はにらんでいます。

起業家の2つ目のタイプは、**「陰に回って指揮を執るタイプ」**です。前述したグーグルのラリー・ペイジが代表格です。

ラリー・ペイジには失敗らしい失敗がありませんし、企業内の揉めごとなども伝わってきません。個性的な起業家を語るときに言及されがちな負の側面が彼からはまったく見えてこないのです。

これは、ラリー・ペイジが徹底的にプライベートを隠しているからです。彼は消息不明で、どこにいるのかもよくわかっていません。メディアのインタビューにも答えていません。

ラリー・ペイジを議論にする人はあまりいないけれど、みんなグーグルに触れない機会はない。あれだけの巨大企業でありながら、見事に陰に回っていることに感心します。

陰に回るタイプは、世間的にそれほど目立ちません。目立たない分、バッシングや軋轢のリスクを回避できます。

では、僕自身を自己分析するとどうなるか？

現状では、どちらかというと「前に出てビジネスをするタイプ」といえます。たしかに、自分が前に立っていろいろなコンテンツを立ち上げるのは決して嫌いではありません。

一方で、みんなの役に立つコンテンツだけをつくって、自分自身は裏に回りたいという気持ちも少なからずあります。そのほうが、息が長く続けられるのではないかと考えたりもします。

あるいは、自分が前に出る路線を維持しつつ、部分的に陰に回るラリー・ペイジ路線を探るのもアリかもしれません。

成功している起業家をロールモデルに、自分のビジネスのスタンスを考えてみるのはけっこう楽しいです。偉人に学ぶ意義は、こういうところにもあるのです。

第5章

「英語」の独学勉強法

英語の独学法 1

「日常で使える」英語を学ぶ

「中田敦彦のYouTube大学」と並行して、僕は、英語学習をテーマにしたYouTubeのセカンドチャンネルを開設しました。

これは僕が英語系YouTuberの動画を見て、そこで学んだことを自分の動画で紹介するという内容です。じつは英語を勉強して「近い将来、アメリカに行く」という夢を実現したいとの思惑が裏テーマになっています。

現在、教育系YouTuberがたくさん登場し、YouTube上で無料でいつでも「質の高い授業」が受け放題になっています。

もはや、「勉強＝学校や塾で習うもの」という考え方は古いのです。

そこで、「2nd channel」で、YouTubeの無料の英語動画（英語系YouTuber）で学ぶだけで、本当にアメリカに行くぐらいまで英語力を伸ばすことができるかどうか、僕の身をもって実証したいという実験をしているのです。

僕自身、中学生から大学を通じて、それなりに英語を勉強してきたつもりですが、英会話ができるかというと、そこまでのレベルではありませんでした。

よく言われることながら、受験勉強の英語と日常会話のために勉強する英語は違います。

というのも、両者は根本的に目的が異なります。

受験英語の目的は、テストで良い点を取ること、志望大学に合格することです。だから受験英語に関する教育法や勉強法は、ほとんどすべてテストに受かるための英語を扱っています。

テストに受かるための英語ですから、海外のドラマや日常生活でよく出てくる日常的な英会話からは、どうしてもかけ離れたものになります。

僕がやっている「YouTube大学」の最大の特徴は、「テストに受かるための勉強ではない」ところです。学校の先生や予備校の先生にはできない、面白いポイントにフューチャーしているからこそ、いろいろな層の人に楽しんでもらっているわけです。

当然、英語の勉強も、テストに受かるための勉強とは異なるアプローチを取る必要があります。そこで、海外の実践的な日常会話を教えてくれるYouTubeチャンネルをターゲットとして、そこで解説されている知識を中心に覚えていくことにしました。

具体的には、次の3つのチャンネルを参考にしています。

「Hapa英会話」（https://www.youtube.com/user/hapaeikaiwa）

「IU-Connect 英会話」（https://www.youtube.com/user/iuconnecttokyo）

「バイリンガール英会話」（https://www.youtube.com/user/cyoshida1231）

改めて英語を学び直すと、非常に簡単な単語の組み合わせで、いろいろな意味を表現できることを知りました。

たとえば、「Hapa英会話」の動画の中にあったのが、「ばったり会う」みたいな日本語を、英語でどう表現すべきか？

少し難しそうに感じますが、じつは「run into」という言葉で表現できます。「run」は走る、「into」は入るという意味です。これを組み合わせて「run into him at the park.」と言うと、「公園で彼にばったり会った。」となります。

このように受験勉強のときは触れなかった表現が日常で使えると、英語勉強の見方が変わってきます。

もう一つ例を挙げると、「How are you?」という定型的な挨拶の表現があります。教科書では、「How are you?」と聞かれたら、「I'm fine thank you.」と答えるものと相場が決まっています。

ただ、そもそも「How are you?」の言葉自体には、それほど深い意味はありません。あえて、日本語に訳すと「うっす！」「ウィーっす！」みたいな意味合いです。

日本人は「ウィーっす！」に深い意味がないとは知りつつ、それを当たり前のように挨拶言葉として受け取っています。

要するに、挨拶をしている行為が重要であって、どんな言葉を使うかは、たいした問題ではないのです。

同じように、「How are you?」と聞かれたら、「How are you?」と返せばＯＫ。「what's up?」には「not much」「nothing much」などと返せばいい。

意味がない潤滑油としての日常会話を学ぶのは、けっこう新鮮な体験です。これが、受験勉強とは違う大人の英語勉強のアプローチなのです。

英語の独学法 2

「受験英語」も決してムダではない

先ほど、「受験勉強の英語」と「日常会話の英語」は違うとお話ししました。

そうなると、今、受験英語を必死で学んでいる受験生は、「自分たちがやっている英語の勉強はムダで、大学合格後に、新たに英語を学び直さなければならない」と考えてしまうかもしれません。

でも、それもちょっと違います。**「受験英語が無意味」というのは語弊があります。**

じつは、英語を習得するにあたって、中学高校の6年間、週に数時間程度の英語の授業を受けただけでは、単純に海外で英語を使うには勉強時間が不足しているとの指摘があります。**勉強の内容よりも、「英語に接している絶対的な時間数が足りない」のが一番の問題**なのです。

この勉強時間の問題を無視して、効率よく英語を身につけたいと考えると、短絡的に「学校の英語はムダだ」「教育法を変えなければならない」といった議論に陥りがちです。

でも、**受験勉強の英語には、英語力の基礎をつける上で一定の価値があります。**

たとえば、僕の先輩芸人であるピースの綾部（祐二）さんが、2017年から活動の拠点をニューヨークに置いたことが話題になりました。

綾部さんは高校卒業後、企業に就職してからお笑い芸人を目指したというキャリアの持ち主。大学受験のための英語を身につけていません。

英会話を習得するのに苦戦しているという話が伝わっていますが、英語学習の基礎的なベースがないところからのスタートなので、相当の苦労ではないかと推測します。

品川庄司の品川（祐）さんも、「英語が話せるようになりたい！」と一念発起し、セブ島に短期の英語留学をするなど、一生懸命努力しています。やはり、本人も学生時代の英語をしっかり学習してこなかったことが、大きなハンデになっていると話しています。

受験の英語では不十分ですが、受験勉強は英語力のベースをつくる上では重要な意味を持っています。受験を経験した人としていない人とでは、圧倒的に基礎理解に差が生じます。

過去形や三単現のSなどを大人になってから身につけるのは、かなり難儀です。受験英語で、基本的な文法や単語を身につけておけば、けっこうなアドバンテージとなります。

ですので、本書を読んでくれている受験英語に取り組んでいる現役の高校生や浪人生は、モチベーションを下げずにしっかり勉強を続けてほしいと思います。

大人になってからの英語勉強では、受験で身につけた英語を日常会話用に滑らかにしていく作業を上積みしていけばよいのです。

英語の独学法 3

語彙や表現方法を増やす

英語の力を伸ばすためには、語彙や表現方法を増やすことも重要です。

以前、YouTubeで「Atsueigo」という英語学習のチャンネルを配信するATSUさんと僕のYouTubeチャンネルでコラボしたことがあります。

そのとき、ATSUさんから、「パラフレーズ」、つまり言葉の「置き換え」という学習方法を教えていただきました。

たとえば、How are you? という挨拶の定型表現がありますよね。これは便利な表現である反面、繰り返し使っていると他の挨拶言葉が出なくなりがちです。

そこで、次のように意識的に別の表現を口に出してみるのです。

How's it going?

What's up?

What's going on?

「I understand.」であれば、「I got it.」「I get it.」「I gocha.」といった表現への置き換えがあります。

1つの表現について複数の「置き換え」を見つけていくことで、芋づる式にどんどん新しい言葉が覚えられるという仕組みです。

他にも「I'm very happy.」の面白い言い換えとして、ATSUさんから「I'm walking on sunshine.」を教えていただきました。直訳すると、「日光の上を歩いている」になるのですが、「日光の上を歩いているような幸福感」という意味で使われるそうです。同様のニュアンスとして、「I'm on top of the world.」などもあるそうです。こういった表現まで使えるようになると、英語の会話がかなり楽しくなりそうですね。

ATSUさんは『Distinction I』という本を出されているそうなので、パラフレーズ学習法に興味がわいた人はチェックしてみることをオススメします。

英語の独学法 4

定型表現のバリエーションを増やしていく

前項でお話ししたとおり日常会話で使える語彙を増やしていくと、英語はどんどん楽しくなってきます。僕が学んでいる「Hapa英会話」でも、Thank you（ありがとう）という表現のバリエーションを解説している動画がありました。

Thanks a lot.

Thank you so much.

この程度は、多くの人が思いつくかもしれません。

もっと「くだけた」、というか、「スラングっぽい言い方」になると、

Thanks a million.

があります。

millionは、「ミリオンセラー」などの言葉があるように「100万」という意味で、

要するに、「めっちゃありがとう」というニュアンスを伝えているわけですね。
さらに、「何に対して感謝しているのか」を伝えられるようになれば、もう一段レベルアップができます。
Thanks for helping me today.（今日は助けてくれてありがとう）
「Thanks for ~ing」を使うと表現の幅が広がります。ちなみに、
Thanks for everything.
という感謝の対象が曖昧な表現もあります。感謝の意を伝えるときには「Thanks for ~ing」と必ずいう、と心に決めることが大切です。
そして、もう少し込み入った表現として、次のバリエーションもあります。
I appreciate it.（感謝します）
You made my day.（こんないい日にしてくれてありがとう）
こんな表現まで使えたら素晴らしいですね。
英語についても、歴史や現代社会などと同じく、アウトプットすることで定着する効果が得られます。
ですから、**英語を学んだら、「とにかく口に出してみる」、「誰かに教えてみる」習慣**

をつけるのが一番です。

僕が黙々と英会話の動画配信を続けていたら、コメント欄に英語で返信してくれる人が出てくるようになりました。中には、以前、僕が紹介した表現を使ってコメントしてくれる人もいます。

その人にとって、覚えた表現を使ってコメントすることがいいアウトプットになっているのと同時に、僕自身もその表現を見て復習するという相乗効果が成立しています。

「覚える→使う→復習する」を繰り返しているうちに、英語を使う行為が当たり前になっていくのです。

英語の
独学法 5

身近なカタカナ英語に注目する

「Hapa英会話」の中に「アメリカ人にカタカナ英語は通じるか？」という楽しい企画がありました。

たとえば、ネイティブの人に日本語読みで「マクドナルド」といっても、相手は何をいっているのかまったくわかりません。McDonald'sの発音は、日本語と英語ではまったく別物なのです。

ソーセージ（sausage）も、日本語読みで行けそうな気がしますが、まるで通じない言葉です。日本語の「ソーセージ」が平板なアクセントなのに対して、英語のsausageは頭高のアクセントであり、この違いだけで全然伝わらないのです。改めて発音の重要性に気づかされます。

「マフラー」というと、日本人は防寒具を思い浮かべますが、英語のmufflerは、自動車についている消音器（たしかに、日本でも「マフラー」といいます）。

では、首に巻く防寒具のほうはというと、scarfが一般的なようです。

動画では英語で次のようなやりとりがされていました。

「マフラー、あの首にまくマフラーですよ」

「え、マフラーって、クルマについているやつですよね？　え、クルマについているのを首に巻く？」

「あの、寒いときに首に巻いて温かくする……」

「ああ、それscarfだよ！」

その会話を見ているだけでも、思わず笑ってしまいます。

一番ギャップが大きかったのがシュークリームです。

日本語で「シュークリーム」というと、ネイティブにはちんぷんかんぷん。「シュー」はshoe（靴）を連想させるので、shoe cream＝靴磨きに使うクリームと解釈されます。

ですから「シュークリームを食べる」というと、混乱してしまうのです。

日本語でシュークリームを意味する英語は、cream puff（ちなみに、今パソコンで原稿を書いていて、「しゅーくりーむ」と打ち込んで変換したら、ちゃんとcream puffと出てきました)。

身近にネイティブの友人がいたら、カタカナ英語が通じるかを試してみるのも面白そうです。

「マクドナルド」だったら、「ファストフードで、お店がたくさんあって、ハンバーガーを食べるお店で……」などと英語で伝えながら、相手が理解できるまで頑張ってみるのです。

ちょっとしたゲーム感覚で楽しめますし、いい英会話の練習にもなります。

特別対談

「数学」の勉強に革命を起こせ！

中田敦彦 × ヨビノリたくみ

Profile

ヨビノリたくみ

東京大学大学院卒。大学院の博士課程進学とともに6年続けた予備校講師をやめ、科学の普及活動の一環としてYouTubeチャンネル『予備校のノリで学ぶ「大学の数学・物理」（通称：ヨビノリ）』創設。複数の大学が、授業の参考資料として授業動画を学生に紹介している。著書に『難しい数式はまったくわかりませんが、微分積分を教えてください！』がある。

数学の勉強に革命を起こした「教育系YouTuber」

中田：僕が教育系YouTuberをやろうと思ったとき、まず観たのが、たくみ先生の動画だったんです。

たくみ：本当ですか!?　証拠あります？

中田：あります、あります！　じつは、僕もたくみ先生とすごくよく似た動画をあげているんですよ。たくみ先生が魔方陣の解説をしているのを見て、人気上位の再生回数が多い動画だったので、似たのをやったら関連動画であがるかも、と。

たくみ：意外と草の根活動から始めているんですね。

中田：そうなんです。で、たくみ先生は東京大学の大学院をご卒業されているんですね。

たくみ：はい。物理を勉強して修士課程を修了しました。

中田：物理の中には数学も含まれるんですか？

たくみ：一般の人にしてみたら、もうほとんど数学に見えると思います。

中田：在学中から数学の講師をやっていらしたんですね。

たくみ：大学生になった瞬間から、予備校で計6年、ずっと講師をしていました。

中田：これだけ講師としてのスキルがある方だから、予備校のカリスマ講師としてバンバン稼ぐ道もあったわけじゃないですか。それなのにYouTuberを選んだのはどうしてですか？

たくみ：予備校はやっぱり、層が厚いんですよ。見ていて感動しちゃうぐらい、本当に授業上手な先生がたくさんいます。

中田：うわー、けっこう激戦区なんですね。

たくみ：講師としてトップになりたい気持ちはありました。でも、そのためには予備校講師をやっちゃダメだと思ったんです。

中田：面白いなー。お笑い芸人の世界も上が詰まっている状況なんですけど、予備校界もそうなんですね。

たくみ：有名講師はずーっと有名講師です。

中田：そこに新規参入するためにはもうワンフック欲しい、と。それがYouTuberだったんですね。ということは、予備校講師をしながらYouTuberになったんですか？

たくみ：じつは、大学院の博士課程に進学するときに、国から給与をいただく代わりにアルバイトが禁止になったんです。今の日本の研究事情はけっこう厳しくて、博士課程に進んでも大学の先生になれるとは限らないんです。だから研究がダメだったら予備校講師になろうと思っていたんですけど……。

中田：それが禁止になってしまった。

たくみ：博士課程は3年間あるので、最短でも3年間ブランクが空いてしまうわけです。講師としてスキルアップするにはどうすればいいかを考えて、YouTuberになりました。

中田：かなり戦略的ですね。

直感に反することが、論理としては正しい

中田：今日は、数学の楽しさを伝えているたくみ先生に、数学の魅力をお聞きしてみたいです。僕がYouTubeで重点的にやっている日本史や世界史は、共感し

てもらいやすいんです。「私もその時代好きでした！」とか「大河ドラマ観ています！」とか。ただ、数学ってやっぱりアレルギーが強いですね。

たくみ：嫌いな人は、とことん嫌い。

中田：「私も嫌い」って声が多い。パクチー的な扱いで、「食べたらうまいのに」といってもなかなか聞いてもらえない。

たくみ：そうそう。まさにパクチーみたいなんですよ。

中田：そういう人たちに、どうやって数学の楽しさを伝えているんですか？

たくみ：まず、数学を勉強して役に立てようという発想だと、うまくいかないと思います。「微分積分なんて勉強して役に立つの？」という質問には、僕も役に立たないって答えています。

中田：でも学ぶ意味はある？

たくみ：あると思います。特にビジネスマンには本当に学ぶ意味があります。そもそも数学って、苦手な人ほど「計算をする学問」だと思っているんです。

中田：なんか計算をいっぱいしなきゃいけないイメージがあります。

たくみ：だから「計算速いんでしょ？」「割り勘の計算をしてよ」とか、よくいわれます。

中田：割り勘の計算くらい、スマホでできるのに……。

たくみ：それに、ちゃんと割り算して端数まで出したらしっかり嫌われますからね（笑）。でも、数学の魅力って計算じゃないんです。

中田：どこにあるんですか？

たくみ：論理です。数学って、じつは論理を学ぶためのものなんです。僕が数学を勉強する一番の楽しさをどこに感じるかというと、「直感と反することを論理で受け入れる練習」をしているところです。

中田：えっ？　どういうことだろう。「直感に反することが論理として合っている」ってことですか？

たくみ：そういうのって、日常でもたくさんあるじゃないですか。直感的に「こんなのうまくいかないだろう」と思ったことがすごくうまくいくとか。そういうケースを論理的に突き詰めると、「たしかにうまくいってもおかしくなかった」ということがビジネスにもたくさんあると思います。

数学には発見と感動がある

たくみ：じゃあ、せっかくなので数学の問題を1問出しますね。

中田：おっと、問題がきたぞ。

たくみ：1本のみずみずしい新鮮なキュウリを想像してください。このキュウリ、今100グラムで、99パーセントが水分です。これをほうっておいたら、水が蒸発して、水分が98パーセントになっちゃいました。

中田：水分が1パーセント減ったんですね。

たくみ：はい。さて、今、キュウリの質量は何グラムでしょう？

中田：えーと、100グラムのうち99パーセントが水分。ということは、重さでいうと水が99グラム。

たくみ：そうです。そう考える人は、かなりロジカルで、数学脳だと思います。

中田：水分が98パーセントになったということは、1グラム分の水が蒸発したから、99グラムになった。どうでしょう。

たくみ：というふうに、直感的には思います。でも、正解は50グラムです。

中田：えー！　50グラムになっちゃうんですか？　どうして？

たくみ：わかりやすく解説します。水は蒸発して変わってしまうので、この問題は水のほうに注目すると難しいんですよ。だから、変わらない部分に注目するのがポイントです。水以外の質量は、最初1グラムですね。水以外は蒸発しないので、水分が98パーセントになったキュウリにも、水以外が1グラムだけ含まれているはずです。それが2パーセントなわけですよね。では、何グラムの2パーセントが1グラムでしょう？

中田：なるほど。そうすると、全体の質量が半分になってないと……。

たくみ：そうです。50グラムの2パーセントが1グラムなので、50グラムじゃなきゃダメなんですよ。

中田：えー！　そんなバカな！

たくみ：……ってなるのが楽しくないですか？

中田：面白い！　1本のキュウリの問題でこんなに感動させられるんですね。これはすごい。直感的には、50グラムになる雰囲気が全然しないですもんね。

たくみ：でも、こうやって論理的に説明されると、文句がいえない。今のはあくまで簡単な例ですけど、数学はもっと難しいレベルにいっても、こういうのがめちゃくちゃたくさんあります。僕もテキストを読んでいて「嘘でしょ」「ないない」って思うんですけど、勉強すると「たしかに、なってるわ」「俺、バカだった」という体験を繰り返しているんです。

中田：そこに発見と感動があるわけか。

たくみ：人類が難しいパズルに挑んでいるみたいな感じです。

中田：そのパズルには終わりがないんですね。

たくみ：研究者が人生を費やすくらいの魅力があるってことです。

中田：今、わからないことは全体の何パーセントくらいあるんですか？

たくみ：感覚的にいうと、わかっていることが０・００１パーセントぐらいだと思います。

中田：え？　少ない……。もっとわかっているような印象を持っていました。

たくみ：じつは何もわかってないんですね。

「数学が苦手」な理由は、「数学を教えている先生」が嫌いだったから？

中田：では、そんな魅力のある数学をどう勉強したらいいのか、お聞きしたいと思います。お笑い芸人で、数学が好きな人というと、大先輩の北野武さんがいらっしゃいます。あんな天才がハマるぐらいですから、数学って魅力的なんだろうなとは思いつつ、いったい何から手をつければいいのかわからなくて、いつも立ち止まっちゃうんですよね。

たくみ：大人が数学を学び直す方法ですね。わかりました。

中田：お願いします。

たくみ：数学が苦手な人って、「中学・高校のころから嫌いだった」っていう人が多いと思うんですけど、あれは数学そのものが嫌いじゃないんですよ。

中田：どういうこと？

たくみ：数学を教えている先生が嫌いになっているパターンが多いですね。

中田：先生のせいなんだ。

たくみ：だって、思い返してみると、子どもの頃好きだった科目って、先生が好きだからというケースが多いと思うんです。肌に合う先生から教えてもらうと、するする入ってくるけど、苦手な先生の話は全然入ってこない。

中田：なるほど。

たくみ：もしかすると、「授業が上手い、下手」という理由じゃなくて、「先生が生理的にムリ」とか、そういう理由で数学が嫌いになったのかもしれないんです。

中田：わかります。なにか別のことで注意されてから、先生の話が入ってこなくなったとか、あります。

たくみ：僕も中学生に塾で数学教えていたとき「生理的に受け付けない」っていわれたことあります。

中田：そんな厳しいこといわれるんですか？

たくみ：アンケートに書いてあります。「生理的にムリならもう仕方ないな」と思うようにしていましたけど。

YouTuberの授業で数学を学ぶ

たくみ：でも、大人になってみると、そういう好き嫌いは少ないはずです。子どもの頃って、本当にちょっとした理由で先生のことが嫌いになっちゃう。でも大人はそんなことないですよね。しかも、今の時代はオンライン全盛ですから、自分で自由に先生を選べます。YouTubeにも数学の先生はたくさんいます。

中田：たくみ先生以外の方もいっぱいいるんだ。

たくみ：中学、高校で全範囲をアップしているすごい方もいます。

中田：たくみ先生のことを生理的に受け付けられないという人は……。

たくみ：どんどん、ほかの方を見てください。

中田：大丈夫なんだ。なんて心が広い。

たくみ：本当に受け皿がたくさんあります。一昔前は、「中学、高校から数学をやり直したい」となったとき、本を読むくらいしかなかったですから、けっこうハードルが高かったんですよね。スタートから活字というのは向いていないと思います。

中田：たしかに、最初から本で学ぶのはツライかもしれない。

たくみ：でも今は先生が選べるだけでなく、どこからスタートするかも選べるんです。数学のドリルの場合、普通は「中学1年生のドリル」「2年生のドリル」みたいに分けられていますけど、動画はどうでしょう。

中田：単元ごとに分かれている。

たくみ：しかも2倍速で見てもいい。

中田：勝手に先生を早口にしたり、ゆっくりしゃべらせたりできる！

たくみ：僕は割と早口なので「いつも0・5倍速で観てます」ってよくいわれます。

中田：じゃあ、動画学習は数学の学び直しに向いているんですね。

たくみ：まだまだ僕より授業が上手い人がいっぱい眠っています。僕一人よりも、学習動画界全体を盛り上げたいんですよ。

中田：教育系YouTuber全体が盛り上がることによって、選択肢が増えるということですね。

たくみ：もし、それで僕が不要ということになったら、また別の仕事を考えます。

中田：潔いですね。じゃあ、オススメの教育系YouTuberさんはいます？

たくみ：いますいます。たとえば、「葉一（はいち）さん」という方は大御所中の大御所です。

中田：ほかの教科も見たりするんですか？

たくみ：ほとんど全部観ています。僕は授業を見るのが好きなんです。人が教え方に工夫しているのを見るのが楽しいんです。教えることをエンターテイメントとして考えているので。

「数学はつまらない」というイメージを打ち崩したい

中田：たくみ先生は、本も出版されているんですね。『難しい数式はまったくわかりませんが、微分積分を教えてください！』。いいタイトルだな。

たくみ：これは、文系の人たちを生徒として募集して、実際に微分積分の授業をやって、その内容を元に書いたんです。

中田：リアル授業が本に詰まっているんだ。でも、なんでまた数学の中でも微積分の本を出そうと考えたんですか？

たくみ：やっぱり一番難しいイメージがありますよね。数学のゴールって気がしません？

中田：わかる。たしかに、数学が苦手だって話をするとき、「だって微分積分とか日常で使わないし。やる意味あるの？」っていいますもんね。

たくみ：その話、必ずいわれます。僕も何百回も聞いたことあります。

中田：そこを打ち崩したかったんだ。

たくみ：「数学はこんなに楽しい」っていうのを伝えたかったので、あえて一番難しそうな微分積分を選びました。

中田：その本が売れているというのは素晴らしい。

もっと勉強したい人を応援したい

中田：今後、たくみ先生はどういうところを視野に入れていますか？

たくみ：教育を軸として、もう少し活動の幅を広げていきたいです。たとえば、オンライン学習の情報を伝えるというのをやってみたい。

中田：教育系YouTubeのキュレーションをしている人って、まだほとんどいないですよね。「動画で学ぶというのはこういうことだよ」と啓蒙するような役割か。それは面白そう。

たくみ：みんな勉強がしたいと思っても、やり方をしらないし、教えてくれる人がいないし、そういう情報がまとまっていない。そこに需要があると思うんです。

中田：素晴らしい。僕も教育系YouTube界を盛り上げるつもりですので、ぜひ共闘関係でいきましょう。よろしくお願いします。

たくみ：こちらこそ。

中田：今日は素敵なお話を聞かせていただき、ありがとうございました！

巻末付録

中田敦彦の学び直しオススメ本リスト

最後に、各テーマについての僕のオススメ本をご紹介したいと思います。

世界史

- **『一度読んだら絶対に忘れない世界史の教科書』（山﨑圭一、SBクリエイティブ）**

本文や対談でも触れましたが、年号を使わずに歴史の流れを解説するというコンセプトが素晴らしい、とっておきの入門書です。大人が世界史を学び直すとき、ムンディ先生のこの本は外せないと思います。

- **『そうだったのか！現代史』（池上彰、集英社文庫）**

現代史を理解するにはうってつけの1冊です。これを読んでおくと、ニュースを見るときの理解度が全然違ってきます。

- **『ヒストリエ』（岩明均、講談社）**

マケドニアの王子アレクサンドロスを描いた歴史大作。歴史への興味が高まること必至です。

日本史

- **『一度読んだら絶対に忘れない日本史の教科書』（山﨑圭一、SBクリエイティブ）**

ムンディ先生の日本史版。世界史本と同様に年号を使わず、天皇や将軍、総理大臣を主役にして、日本史の流れを解説するという画期的なコンセプト。人が主役になっているので、歴史が苦手な人でも小説のように楽しく読めます。

- **『早わかり日本史』（河合敦、日本実業出版社）**

日本史の動画をつくるときに参考にした本です。項目が読み切り式になっていて、ピンポイントで知りたい情報がつかめます。図解もわかりやすいのがいいですね。

宗教

- **『ペンブックス20 イスラムとは何か。』（ペン編集部、CCCメディアハウス）**
- **『ペンブックス15 キリスト教とは何か。Ⅰ』（ペン編集部、CCCメディアハウス）**
- **『ペンブックス16 キリスト教とは何か。Ⅱ』（ペン編集部、CCCメディアハウス）**

雑誌『ｐｅｎ』の特集を書籍化しているシリーズから選びました。基本的な知識を学ぶには最適です。ペンブックスが素晴らしいのは、ビジュアルが多く、デザインがとてもオシャレなところです。単純に読んでいて心地いいのです。

文学

- **『必修すぎる文学作品をだいたい10ページくらいの漫画で読む。』（ドリヤス工場、リイド社）**
- **『定番すぎる文学作品をだいたい10ページくらいの漫画で読む。』（ドリヤス工場、リイド社）**

『坊っちゃん』『金色夜叉』『斜陽』『蟹工船』といった有名な文学作品のあらすじを、タイトルのとおり短いマンガでまとめています。

あまりに端折りすぎていて、正直なところわけがわからないときもあるのですが、入門の入門という位置づけでは意義がある本だと思います。

- **『まんがで読破』シリーズ（イースト・プレス）**

『こころ』『罪と罰』『平家物語』などの文学作品をマンガ化したシリーズ。個人的には絵が好みではないのですが（ごめんなさい）、あらすじをつかむには最適。

政治

・**『君たちの日本国憲法』（池上彰、ホーム社）**

池上さんが、高校生に授業を行ったときの内容をもとに、講義形式で書かれた本です。「憲法とはいったいどういうものか？」「日本国憲法がどういう憲法なのか？」「憲法が僕たちの生活とどうかかわっているのか？」を解説しています。今、日本では憲法改正をめぐる議論が本格化しようとしていますが、安倍総理がどのような意図で憲法を考えているのか、自民党が憲法をどのように変えようとしているのかなどもつかめるので、憲法がらみのニュースを見るときのテキストとして最適です。

科学

・**『ヘウレーカ』（岩明均、白泉社）**

科学者であるアルキメデスを主人公としたマンガ作品です。アルキメデスというと、「ちょっと難しそう」「よくわからない」と思いがちですが、マンガ作品なのでスムーズに物語の世界に入り込めます。この中に、アルキメデスが国防を任されたというエピソードが描かれています。一見すると不思議な感じがしますが、じつは科学やテクノロジーは政治や国防とも密接にかかわっています。それを踏まえて読むと、面白さが倍増します。

- **『ビジュアル　AI(人工知能)』(城塚音也、日経文庫)**

ビジュアルとともに淡々とわかりやすく解説してくれています。とりあえずこの1冊があればAIの基礎知識が身につきます。

アート

- **『僕はウォーホル(芸術家たちの素顔シリーズ)』(キャサリン・イングラム、パイインターナショナル)**

オシャレなビジュアルブックで、絵がとてもきれいな本。ポップ・アートの巨匠アンディ・ウォーホルがどのようにしてキャンベルのスープ缶にたどり着いたのかなどが、わかりやすく解説されています。アートを扱った本は高尚なものになりがちですが、この本はオシャレ度とわかりやすさが両立している点が優れています。同じシリーズに『僕はダリ』という本もあります。

ちなみに、アートは政治や経済が最も進んでいる国で成長します。ピカソが活躍していたころはスペインという国に力がありましたし、その後は、フランスのパリに世界中の芸術家たちが集まり、第二次大戦後はアメリカでポップアートが隆盛を極めるといった具合です。そんな視点でアートを見るのも興味深いですね。

数学

・『東大の先生！ 文系の私に超わかりやすく数学を教えてください！』（西成活裕、かんき出版）

中学数学の振り返りに使える良書です。中学数学のラスボスは二次方程式で、高校数学のラスボスは微積分。このラスボス2つを倒すためにどのように学んでいけばよいのか、シンプルにわかりやすく教えてくれます。

この本を読んでいて面白かったのが、「数学の授業が長すぎるのは、練習問題を解かせすぎているから」という話です。それよりも、数学の原理原則の面白さや、先人たちがたどり着いた考え方を理解した上で、未解決の数学の課題に取り組むという視点から見ることの面白さを教えてくれたという意味でも、目からウロコの本でした。

おわりに

僕は、運良く20代前半からテレビの仕事をするようになりました。

当時は、まだテレビにも元気がありました。なおかつ「お笑い」というジャンルもブームを迎え、僕を取り巻く環境はゴールドラッシュにわいていました。

とにかく、みんなで切磋琢磨していいネタをつくることだけを考えていればよかったのです。

ところが、気がつけば、いつの間にかそれだけでは許されない時代が到来していました。何かの賞を獲ったり実績を残したりしても、それが収入につながらない状況になってしまったのです。

わかりやすくいうと、今はM－1グランプリで優勝しても、必ずしもテレビで売れて活躍できるとは限りません。

キングオブコントやR－1ぐらんぷりで優勝したにもかかわらず、生活に苦労している芸人さんもいるくらいです。

僕は、2016年にダンス&ボーカルユニット・RADIO FISHとして紅白歌合戦に出場を果たしました。同じ事務所の先輩芸人である又吉直樹さんは、執筆した小説『火花』で芥川賞を受賞しています。

ひと昔前なら、そういった実績を残した人は、当たり前のように冠番組を持ち、まったく食うに困らない生活をしていたはずです。

でも、今は違います。紅白歌合戦に出場しても、芥川賞を獲っても、テレビに出られる保証はないのです。

なぜ、こんな状況になっているのかというと、明らかにテレビというメディアがスケールダウンしているからです。端的にいえば、視聴率が恐ろしい勢いで下がっています。

僕がこの業界に入った頃は、視聴率20%を獲得する番組がザラにありました。テレビ局の入り口には、「22% 高視聴率御礼」みたいなボードが貼ってあり、お祭り騒ぎだったのを記憶しています。その数字は徐々に下がっていき、今では12%くらいで「高視聴率」と掲げているボードも目にします。10%もダウンしているのに好成績。これは、明らかに誰が見てもスケールダウンです。

危機感が強くなっていった僕は、何か打開策を模索しようと思い、先輩たちに話を聞きまくりました。その過程で、ゴールデンタイムの番組でMCをしている実績のある先輩たちも同様の悩みを抱えていることを知りました。先輩たちも「頑張っているのに、まったく給料が上がらない」と愚痴っていたのです。

僕は、しばらくして確信しました。「もしかしたら、テレビ業界は死ぬかもしれない」と。もう個人の努力でなんとかなるとか、仲間と協力して状況を打開するとか、そういう段階ではありません。

業界が死ぬ瀬戸際に直面していると気づいてからは、芸人同士で話し合ったり、先輩に相談したりするのをあきらめました。

要するに、今の自分はタイタニック号に乗っているのと同じ。タイタニックの乗員が同じ乗員と話し合ったところで、船の全貌が見えず、埒があかないのは明白です。僕は、違う船に乗っている人たちのところに話を聞きに行き、「どの船に乗るべきか?」を真剣に模索し始めました。

ビジネスの世界で成功している経営者、教育者、若手のYouTuberなどと議論を繰り返し、自分の新しい船をつくる必要性を認識しました。

船をつくるためには、テレビの外に広がっている幅広い知識が必要です。

自分自身が、もっと勉強しなければならない――。

僕のYouTubeチャンネルのキャッチコピー「新時代を生き抜くための教養」は、僕自身に向けたメッセージでもあります。

僕は、まだまだ教育動画を追求していくつもりです。

僕と一緒に、これからも楽しく勉強していきましょう！

それではまた！

2019年10月

中田 敦彦

参考文献

おもに歴史、政治、経済ジャンルにおける「YouTube大学」の動画作成、および本書の制作において参考にさせていただきました。

- 『君たちの日本国憲法』池上彰著（ホーム社）
- 『政治の絵本 新版―学校で教えてくれない選挙の話』たかまつなな著（弘文堂）
- 『14歳からの政治入門』池上彰著（マガジンハウス）
- 『5Gビジネス』亀井卓也著（日経文庫）
- 『ビジュアルAI（人工知能）』城塚音也著（日経文庫）
- 『ユダヤの商法（新装版）』藤田田著（ベストセラーズ）
- 『竜馬がゆく』司馬遼太郎著（文春文庫）
- 『WHY BLOCKCHAIN　なぜ、ブロックチェーンなのか？』坪井大輔著（翔泳社）

著者プロフィール

中田敦彦（なかた・あつひこ）

1982年生まれ。慶應義塾大学在学中に藤森慎吾とオリエンタルラジオを結成し、2004年にNSC（吉本総合芸能学院）へ。同年、リズムネタ「武勇伝」で『M-1グランプリ』準決勝に進出して話題となり、2005年に『エンタの神様』（日本テレビ系）などでブレイク。バラエティ番組を中心に活躍する。2016年、音楽ユニットRADIO FISHによる楽曲『PERFECT HUMAN』を大ヒットに導き、NHK紅白歌合戦にも出場。2018年には、自身のオンラインサロン「PROGRESS」を開設。アパレルブランド「幸福洗脳」を立ち上げ、経営者としての手腕も注目されている。2019年、YouTubeチャンネル「YouTube大学」を開設し、歴史や文学、政治経済などの授業動画の配信をスタート。開設からわずか4か月でチャンネル登録者数が110万人を突破するほどの爆発的な人気を得ている。

勉強が死ぬほど面白くなる 独学の教科書

2019年11月27日　初版第1刷発行

著　者　　中田敦彦
発行者　　小川 淳
発行所　　SBクリエイティブ株式会社
〒106-0032　東京都港区六本木2-4-5
電話　03-5549-1201（営業部）
装　丁　　小口翔平＋岩永香穂（tobufune）
本文デザイン・DTP　　斎藤 充（クロロス）
編集協力　　渡辺稔大
撮　影　　伊藤孝一
編集担当　　鯨岡純一
印刷・製本　　三松堂株式会社

本書をお読みになったご意見・ご感想を
下記URL、QRコードよりお寄せください。
https://isbn2.sbcr.jp/03830/

落丁本、乱丁本は小社営業部にてお取り替えいたします。
定価はカバー に記載されております。
本書の内容に関するご質問等は、小社学芸書籍 編集部まで
必ず書面にてご連絡いただきますようお願いいたします。

ISBN 978-4-8156-0383-0

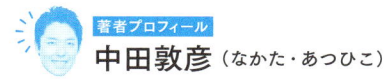